Convaincre en moins de 2 minutes

© Nicholas Boothman 2002.
Nicholas Boothman affirme son droit moral à être reconnu comme l'auteur de cette œuvre, conformément aux Copyrights, Design et Patents 1988. Publié pour la première fois aux États-Unis en 2002 par Workman Publishing Company, sous le titre *How to connect in business in 90 seconds or less.*
© Marabout (Hachette Livre) 2007 pour l'édition française. Traduction française : Armelle Santamans avec la collaboration d'Isabelle de Jaham.

Toute reproduction d'un extrait quelconque de ce livre par quelque procédé que ce soit, et notamment par photocopie ou microfilm, est interdite sans autorisation écrite de l'éditeur.

NICHOLAS BOOTHMAN

CONVAINCRE EN MOINS DE 2 MINUTES

•MARABOUT•

*À mes héros,
Michael et Prudence Freedman,
rêveurs et bâtisseurs ultimes.*

REMERCIEMENTS

Je veux remercier certains des rêveurs et bâtisseurs qui m'ont permis de rédiger ce livre grâce à leur talent et leur générosité d'esprit.

Merci à Mike Freedman, Brendan Calder, Kelly Murumets et Monica Scrivener pour leurs conseils, leur enthousiasme et leur intuition.

Merci à mon agent, Sheere Bykofsky et à l'écrivain Janet Rosen, qui m'ont aidé à semer les graines de ce livre dans l'esprit bienfaisant de Peter Workman ; merci également à mon éditeur, Margot Herrera, qui a fait pleinement éclore ces graines, avec patience et créativité.

Au sein du département Publicité de Peter Workman, je remercie Tracey Alper qui m'a aidé à comprendre les bienfaits du travail acharné et du dévouement.

J'adresse tout particulièrement mes remerciements à Bob Mecoy qui a supervisé et structuré la réalisation de ce livre, en y instillant toute son énergie.

Enfin, je remercie ma femme, Wendy, qui me fait continuellement voir le monde à travers un regard nouveau, ainsi que Francis Xavier Muldoon, pour son panache, son esprit brillant et la merveilleuse façon dont il apprivoise les mots.

Sommaire

Remerciements 9

Introduction.
    Ces fameuses deux minutes 13

Première partie.
Les bases

Chapitre 1.
    L'évangile selon Muldoon : il n'y a pas d'échec,
il n'y a que de l'information 25

Deuxième partie.
Les nouvelles règles : prenez contact
avec la nature humaine

Chapitre 2.
    Neutralisez les réponses de fuite ou de combat 55

Chapitre 3.
    Travaillez le b.a.-ba : attitude, langage corporel
et synchronisation 71

Chapitre 4.
    Parlez le langage du cerveau 97

Chapitre 5.
    Prenez contact avec vos sens.. 109

TROISIÈME PARTIE.
PRENEZ CONTACT AVEC LA PERSONNALITÉ DE VOTRE INTERLOCUTEUR

Chapitre 6.
    Nourrissez la personnalité de votre interlocuteur 123

Chapitre 7.
    Identifiez la nature de votre métier 137

Chapitre 8.
    Trouvez votre style 153

QUATRIÈME PARTIE.
CONSTRUIRE UNE RELATION

Chapitre 9.
    Ouvrez une ligne de communication 177

Chapitre 10.
    Faites-les parler 191

Chapitre 11.
    Trouvez la bonne approche 209

Chapitre 12.
    « Qu'importe le flacon pourvu qu'on ait l'ivresse ».. 231

CONCLUSION
    Et après ? 247

TABLE DES MATIÈRES 249

Introduction
Ces fameuses deux minutes

Ce livre ne développe pas de nouvelle théorie sur le monde des affaires mais vous indique comment améliorer vos résultats en apprenant à établir une relation avec vos clients, collègues, supérieurs hiérarchiques et employés, voire avec de parfaits étrangers ; et tout cela en moins de deux minutes.

Au cours des deux premières minutes de toute rencontre, il ne s'agit pas simplement de donner une bonne impression initiale mais d'établir un contact entre les instincts et la nature de chacun des individus en relation. Au cours de ces premières secondes, notre instinct de survie inconscient entre en jeu : notre esprit et notre corps décident de fuir, de combattre ou d'interagir avec l'autre, qu'il représente une opportunité ou une menace, qu'il soit ami ou ennemi. Ce livre vous révèle les jugements instantanés qui s'opèrent durant ces premiers moments, ainsi que la façon de les tourner à votre avantage.

Une fois passés ces premiers obstacles et la confiance établie, il devient possible d'établir un lien de personne à personne ou, plus exactement, de personnalité à personnalité.

Ce livre va vous dévoiler comment décrypter la personne et la situation rencontrées, ainsi que la manière d'entrer en relation avec la première, de la motiver et de l'influencer.

La création d'un lien avec une personne suit un ordre et un processus particuliers : tout d'abord, la confiance se développe au niveau des instincts de base, puis le lien entre les personnalités s'établit, débouchant sur une relation qui ouvre des possibilités presque infinies. Vous vous demandez peut-être comment j'ai appris tout cela. La réponse est simple : j'ai basé l'écriture de ce livre sur l'expérience. J'ai progressé et je suis aujourd'hui à des années-lumière de celui que j'étais au début de ma vie, et mes attentes actuelles sont très éloignées de celles que j'avais alors. Je dois reconnaître que ma réussite est principalement due à ma capacité à établir le contact avec les autres.

Pendant vingt-cinq ans, mon métier consistait à embellir les gens. Je pratiquais alors, à un niveau international, la photographie de mode et de publicité. Cette période m'a beaucoup appris sur la façon de rendre les gens attirants. Je n'ai pas uniquement photographié des mannequins professionnels, j'ai aussi eu devant mon objectif des hommes d'affaires, des musiciens, des pilotes d'avions et des fermiers. J'ai toujours cherché à produire à la fois la meilleure image des personnes qui posaient devant mon objectif et à faire en sorte qu'elles donnent l'impression d'être depuis toujours pleines d'assurance et de charisme.

Face à un appareil photo, chacun diffuse un message particulier avec son visage, son corps et son attitude. Mon travail consistait à donner forme à ce message en influençant mes sujets grâce à *mon* visage, *mon* corps, *mon* attitude et *ma* voix. Ce livre vous apprendra à utiliser chacun de ces outils – visage, corps, attitude, voix – pour créer une impression et faire passer *votre* message en moins de deux minutes.

Je ne vais pas vous photographier mais je vais changer l'image que vous avez de vous-même et vous montrer comment établir le contact avec toute personne croisant votre chemin professionnel – rapidement, simplement et facilement. Votre activité, quelle qu'elle soit, consiste principalement à entrer en relation avec d'autres individus. Or, lors d'une rencontre, les gens décident en un instant – aussi bref qu'une prise photographique – s'ils vont entrer en relation avec vous ou s'ils vont cesser l'échange. Lorsque j'ai commencé à exercer le métier de photographe et que j'allais de studios en clients entre Londres, Lisbonne, Madrid, New York, Cape Town et Toronto, j'ai réalisé que certaines personnes pouvaient s'entendre avec n'importe qui dès les premiers instants. Cette capacité leur permettait de développer des relations immédiates, d'augmenter leur carnet d'adresses et de s'engager rapidement sur la route du succès. Malheureusement, tout le monde ne pouvait pas en faire autant. C'était un peu comme si certains laissaient toujours la porte ouverte à une relation d'affaires, alors que d'autres s'enfermaient ou du moins donnaient cette impression au premier abord. Mais en fréquentant ces individus « fermés », j'ai pu constater qu'une première impression pouvait être trompeuse. La plupart de ceux qui semblaient distants ne l'étaient en réalité pas du tout.

Les séances photo qui réunissent parfois clients, P.-D.G., mannequins, coiffeurs et maquilleurs, chefs de publicité, comptables, décideurs, pilotes d'avions, fermiers, musiciens – des personnes qui ne s'étaient, en règle générale, jamais rencontrées – étaient un bon moyen d'étudier le comportement des gens en société. J'ai constaté que nombre d'entre eux étaient ouverts et capables de faire facilement et rapidement connaissance alors que d'autres, plus réservés et plus distants, paraissaient manquer les opportunités et les occasions et restaient isolés. À ma grande surprise, ni l'intelligence, ni la beauté, ni le talent, ne semblaient y être pour quelque chose.

Certaines personnes semblent avoir un talent inné pour entrer en contact avec les autres, de façon chaleureuse et spontanée.

Le sens de l'observation, la capacité de persuasion et l'habileté à dépeindre le comportement et l'humeur constituent les principaux outils d'un photographe de mode. J'ai pu assez rapidement identifier les types de comportement qui permettaient aux gens de s'entendre – ou pas – avec les autres. Certains individus jouent sur des types de comportements gagnants, tandis que d'autres s'enferment dans des attitudes vouées à l'échec.

C'est à peu près à cette époque que j'ai entendu parler du travail effectué par les docteurs Richard Bandler et John Grinder. Ils ont développé une technique visant à étudier et à comprendre la structure du comportement humain, ainsi que la façon dont les hommes utilisent le langage afin de « programmer » leur entourage et de se programmer eux-mêmes. Cette méthode porte le curieux nom de programmation neurolinguistique ou PNL. La PNL est un outil qui permet de découvrir ce qui se cache derrière nos actions et de comprendre la façon dont nos paroles influencent notre comportement et celui de notre entourage. Passionné par cette technique, je décidai d'étudier aux côtés du docteur Bandler à Londres et à New York et me formai sérieusement en PNL.

Ces fameuses deux minutes / 17

Par la suite, il me fut de plus en plus facile d'observer les types de comportements des gens que je fréquentais quotidiennement et notamment d'identifier la différence d'approche entre ceux doués pour les relations humaines et ceux qui ne l'étaient pas. Grâce à ma réussite professionnelle, je reçus de nombreuses invitations à donner des conférences sur la photographie de mode et de publicité, dans des écoles ou des clubs. Rapidement, je me concentrai sur la façon d'établir le contact avec les sujets à photographier et d'obtenir leur coopération, et ne consacrai que quelques minutes à la technique photographique. Presque aussitôt, je fus invité à faire cette même conférence – en y soustrayant les minutes réservées à la photographie – à des employés de compagnies aériennes, dans des écoles, des hôpitaux et des associations. Et très vite, je fus chargé de mission auprès de grandes entreprises dans le monde entier.

Alors que mes contacts avec le monde des affaires s'intensifiaient et que je rencontrais des milliers de gens, je pris conscience que la création d'une relation d'affaires différait d'une prise de contact dans la vie privée. Dans la sphère privée, vous choisissez vos amis, mais dans l'univers professionnel, il est impossible d'éviter vos collègues, employés, supérieurs hiérarchiques ou clients, à moins de quitter votre emploi. Vous devez construire et entretenir des relations avec ces personnes-là, qu'elles vous plaisent ou pas. Ce livre vous dévoilera tout ce que vous devez savoir pour établir une relation avec les personnes que vous *devez* côtoyer.

On choisit ses amis mais on doit composer avec ses collègues.

Certains experts estiment que 15 % de notre réussite financière est due à nos compétences et à notre savoir et que les 85 % restant reposent sur notre capacité à établir un contact avec les autres et à inspirer la confiance et le respect. De nos jours, qu'il s'agisse de passer un entretien d'embauche, de conclure une vente ou de discuter d'une augmentation avec votre patron, mieux vous communiquez, meilleures sont vos chances de succès. En outre, il est essentiel d'établir un contact *rapide* ! Une décision positive ou négative (oui/non, j'aime/je n'aime pas) se prend en moins de 2 minutes. Ce livre vous explique comment tirer le meilleur parti de ces fameuses 2 minutes.

Cet ouvrage couvre tous les aspects de la communication, depuis l'impression visuelle que vous donnez jusqu'à votre aspect global, depuis vos capacités de conversation jusqu'à votre habileté à établir un contact et à influencer un groupe. Vous découvrirez des situations réelles qui vous montreront comment tourner à votre avantage vos relations actuelles ou à venir, ainsi qu'une batterie de techniques et de tactiques qui vous aideront à développer les relations dont vous avez besoin, dans un cadre professionnel hypercompétitif.

L'un des grands plaisirs du photographe de mode est de pouvoir donner des gens une image qu'ils n'auraient jamais espéré avoir. Il est très excitant de réaliser que, comme dans vos rêves les plus fous, tout en restant fidèle à votre vraie nature, vous pouvez améliorer votre apparence, vos paroles et vos sensations. En effet, il ne s'agit pas de tromper ou de se travestir mais de créer un lien favorable entre votre personnalité réelle, vos croyances et vos valeurs, d'une part, et le monde professionnel extérieur, d'autre part.

Ce livre ressemble à mes photos de mode. Il va changer pour toujours la façon dont vous vous percevez. *Convaincre en moins de 2 minutes* vous donnera un avantage concurrentiel crucial en vous montrant comment tirer le meilleur parti de votre corps, votre esprit, votre voix et, par-dessus tout, votre imagination, afin de maximiser le potentiel de toute relation, qu'elle soit professionnelle, personnelle ou sociale.

PREMIÈRE PARTIE

LES BASES

L'efficacité d'une gestion, l'importance d'une part de marché, la qualité d'un service, la puissance d'une culture d'entreprise, le niveau de satisfaction du client et l'impact d'une communication sont autant de facteurs non-financiers (les personnes) permettant de prédire avec acuité les performances financières futures d'une activité.

Est-ce compliqué ? Pas vraiment. La construction de l'ensemble de ces conditions périprofessionnelles dépend de deux choses : les gens et votre capacité à entrer en relation avec eux. Cette capacité découle de quelques principes de base, si simples qu'ils peuvent s'apprendre à l'arrière d'un taxi roulant sous la pluie.

Chapitre 1
L'évangile selon Muldoon :
il n'y a pas d'échec,
il n'y a que de l'information'

Mon premier poste fut celui d'assistant personnel de Francis Xavier Muldoon, le directeur de la publicité de l'hebdomadaire le plus diffusé au Royaume Uni[1]. C'était au milieu des années soixante, en Angleterre, et mon nouveau patron avait surgi de nulle part, pour arriver, en tout juste trois ans, au sommet d'un secteur d'activité incroyablement concurrentiel. Francis Xavier Muldoon était incontestablement socialement doué. Voici quelques-unes des règles qui ont contribué à son succès et que l'on nommera *l'évangile selon Muldoon*[2].

L'évangile selon Muldoon commence de la façon suivante : « *La première impression donne le ton de la réussite, bien plus que la classe sociale, les recommandations, l'instruction ou votre note de restaurant* ». En fait, vous décidez généralement dans les deux premières secondes d'une rencontre de la manière dont vous allez répondre à votre interlocuteur. Mais dans le même temps, votre interlocuteur fait de même.

---

1. Le magazine *Woman*.
2. *The Gospel According to Muldoon*.

(Quant aux 118 secondes restantes, elles sont consacrées à confirmer et cimenter la relation, et à mettre au point le mode de communication à venir.)

Les observations de Muldoon sont toutes tragiquement simples : « *Quand les gens vous aiment, ils ne voient que le meilleur en vous. Dans le cas contraire, ils ont tendance à ne voir que le pire. En fait, c'est du bon sens. Si un client vous apprécie, il attribuera sans doute votre fébrilité à de l'enthousiasme, mais si le courant ne passe pas, il considérera votre agitation comme de la bêtise.* »

Muldoon a raison. Dans le cadre d'un entretien d'embauche, votre courtoisie naturelle peut être interprétée comme de la prévenance par un jury favorable, tandis qu'elle sera vue comme de la faiblesse par un jury qui ne vous apprécie pas. Un manager peut, selon son impression, considérer que votre assurance fait de vous une personne audacieuse ou, au contraire, un individu arrogant. Vous passerez ainsi pour un génie pour les uns, et pour un idiot pour les autres. Tout dépend de la façon dont l'autre vous imagine. « *Captivez l'imagination et vous captiverez le cœur* » est une maxime qui fait également partie de l'évangile selon Muldoon, « *parce que, quel que soit l'angle que vous adoptiez, la vie se résume à une histoire de comportement. Or l'imagination déclenche l'émotion, l'émotion l'humeur et l'humeur le comportement.* »

Je n'avais jamais rencontré quelqu'un comme Francis Xavier Muldoon. J'avais quitté le Nord de l'Angleterre pour Londres parce que je voulais être là où ça bougeait – même si je n'avais aucune idée de la vie dans une capitale européenne. J'ai rapidement réalisé que les gens qui créaient l'événement me fascinaient. Mais pendant très longtemps, je n'ai pas réussi à déterminer si Muldoon était génial ou fou.

En fait, Muldoon était un génie, mais il me fallut un certain temps pour comprendre ce qui le rendait si efficace.

Certaines des missions qu'il me donnait ne semblaient avoir aucun sens – du moins au premier abord. Mon premier travail réellement dingue pour « F.X ». consista à lécher, coller et griffonner 2 467 enveloppes identiques, et à les fourrer dans un sac de jute. Le lendemain, j'accompagnai le *maestro* à une présentation commerciale dans les bureaux du directeur général d'une société de vente par correspondance, dans Oxford Street. Muldoon irradiait : il était vif, assuré et heureux, tandis que moi, avec mon sac, j'avais l'air d'un pilleur de tombe revenant d'une exhumation.

On nous introduisit dans le bureau du directeur. Francis Xavier Muldoon salua ce client potentiel comme s'il s'agissait d'un vieil ami, presque d'un frère. Il me présenta comme son assistant et notre hôte nous invita à nous asseoir.

Nous nous installâmes face à un bureau ancien d'une taille démesurée. Presque aussitôt, Francis Xavier sourit et parla : « *Si vous le permettez, j'aimerais vous donner quelque chose.*

« *Je vous en prie, allez-y* », répondit le directeur, faisant un vague signe de tête.

« *Nick, ici présent, va vous montrer* », dit Muldoon.

J'entrai en scène pour la première fois. Sans perdre le rythme et prenant un air concentré, j'étendis un grand tapis vert sur le sol et y étalai tout le contenu du sac en son centre. Il y avait tant d'enveloppes qu'elles se répandirent jusque et sous les chaises.

Alors que notre hôte, complètement ébahi, considérait l'énorme tas d'enveloppes sur le sol, Muldoon proclama d'une voix douce mais néanmoins précise : « *C'est la quantité de réponses que vous pouvez obtenir si vous faites de la publicité dans le magazine* Woman ». Il fit une pause suffisamment longue pour capter l'attention du directeur. Puis, le regardant droit dans les yeux, il annonça : « *2 467 réponses atterrissant sur le bureau de l'un de vos concurrents, en un seul jour, à la suite d'une publicité dans notre magazine! Nous pouvons faire la même chose pour vous.* »

Le temps vola-t-il? Il s'était écoulé à peu près 2 minutes depuis le début de l'entretien.

Muldoon partit avec, dans sa mallette un contrat de publicité pour 26 semaines et, dans le sac, l'intégralité des 2 467 enveloppes. Dans le taxi qui nous ramenait au bureau, il décida qu'il était temps pour moi d'en apprendre un peu plus sur l'évangile selon Muldoon.

« *À votre avis, que s'est-il passé là-bas ?* » me demanda-t-il.

« *Vous n'aviez jamais rencontré cet homme ?* », questionnai-je.

« *Non, jamais.* »

« *Mais, j'étais persuadé que vous étiez deux vieux amis.* »

« *Ça en avait tout l'air, n'est-ce pas ?* » sourit Muldoon. Puis il se tourna vers moi : « *Savez-vous pourquoi ?* »

« *Il a probablement entendu parler de vous.* »

« *J'en doute. Asseyez-vous en face de moi si vous voulez bien et je vais vous expliquer ce qui s'est passé.* »

| La manière la plus économe et la plus efficace d'établir le contact avec les autres est de les regarder dans les yeux.

Les taxis londoniens ressemblent beaucoup à des boîtes de conserve noires montées sur roues, mais ils sont spacieux et faits pour le confort des passagers et de leurs bagages. À l'arrière, ils disposent d'une banquette faisant face à la route, ainsi que de deux strapontins tournés dans le sens opposé. Je m'assis donc sur le strapontin en face de Muldoon. Étant plutôt grand, je posai mes coudes sur les genoux, ma main droite entourant mon poignet gauche. Je présume que mon visage traduisait mon étonnement et ma curiosité.

Par la fenêtre, Muldoon regardait la petite pluie fine tomber sur les passants qui sortaient de la station de métro de Marble Arch. Il me fit face en ajustant sa position sur la banquette, puis sourit avec enthousiasme en me regardant droit dans les yeux. Il brandit un doigt : « *Loi de Muldoon numéro une : Lorsque vous rencontrez quelqu'un, vous devez le regarder dans les yeux et sourire.* » Il opina une fois et attendit que je prenne acte de ses paroles ; ce que je fis. Puis, il leva un deuxième doigt : « *Loi de Muldoon numéro deux : Si vous voulez que votre interlocuteur ait l'impression de déjà vous connaître, vous devez être un caméléon.* » Je fronçai les sourcils. D'un geste de la main Muldoon m'indiqua de prendre patience, puis leva un troisième doigt : « *Loi de Muldoon numéro trois : Captivez l'imagination et vous captiverez le cœur.* »

Je m'adossai au dossier de mon siège. J'étais sûr qu'il n'avait pas fini. Il fit de même : « *Combien de fois par jour avez-vous affaire à des gens qui ne s'aperçoivent pas de votre présence et qui ne vous regardent pas ?* »

« *Des dizaines de fois, j'imagine* », répondis-je.

« *Ce sont autant d'occasions manquées. Le moyen le plus économique, facile et efficace de maximiser les effets d'une prise de contact avec d'autres personnes — vos clients, vos collègues, le concierge d'à côté, ou ce chauffeur de taxi — consiste à les regarder dans les yeux et à sourire. Savez-vous pourquoi ?* »

« *Parce que cela donne l'impression que vous êtes honnête et que vous leur portez un certain intérêt.* » Je me doutais en répondant que ce n'était pas tout.

30 / *Les bases*

> « *Bien, très bien. Mais cela va au-delà. Si votre présentateur favori énonçait les informations du soir la tête baissée, en lisant ses notes ou en regardant par la fenêtre, le prendriez-vous au sérieux ?* »

> « *Non, je ne pense pas.* » Cela me semblait assez évident.

> « *Et que penseriez-vous de son message ?* »

> « *Je présume que je n'y accorderais aucun intérêt, à moins de me forcer.* »

> « *Votre message va à l'endroit où va votre voix et votre voix se dirige là où vos yeux la guident. Que ressentez-vous lorsque vous rencontrez quelqu'un qui ne vous regarde pas dans les yeux ? Que ressentez-vous lorsqu'il le fait ? Que ressentez-vous quand, alors que vous vous adressez à une personne, celle-ci porte ses yeux sur quelqu'un ou quelque chose d'autre ?* »

Le contact par les yeux est l'un des plus importants vecteurs de communication non-verbaux. Nous avons tous appris que les yeux sont « la fenêtre de l'âme », mais ils permettent également de répondre à des questions essentielles au moment où nous tentons d'établir une relation : mon interlocuteur fait-il attention à ce que je dis ? me trouve-t-il attirant ? m'apprécie-t-il ? Dans des contextes sociaux ou professionnels, d'infimes différences en matière de contacts oculaires peuvent en dire très long. Par exemple, des yeux qui se rapprochent et une tête baissée, légèrement de côté, peuvent indiquer une invitation à discuter de choses très privées, voire intimes. Le regard peut transmettre un sentiment de supériorité (quand la tête est levée), une hostilité (regarder par « en-dessous » son interlocuteur de manière impassible). À l'inverse, le fait de regarder ailleurs peut indiquer une faiblesse et une stratégie d'évitement. Par conséquent, lorsque vous discutez d'un sujet qui vous tient à cœur, soyez conscient du message que vos yeux adressent aux personnes qui vous écoutent.

EXERCICE

LA COULEUR DES YEUX

Faites l'expérience de noter mentalement la couleur des yeux de chacune des personnes que vous rencontrez pendant une journée. Il n'est pas nécessaire que vous la gardiez en mémoire, prenez-en juste note. Ce petit exercice simple comme bonjour va, à lui tout seul, largement améliorer votre assurance, votre contact visuel et vos capacités relationnelles, sans que vous ayez à faire quoi que ce soit d'effrayant.

Une variante amusante de cet exercice consiste à dire à vos employés en contact avec la clientèle que vous menez une enquête pour déterminer si la majorité de vos clients a des yeux bruns ou bleus. Laissez-les agir ensuite : l'exercice fonctionne à merveille dans les restaurants, les banques et les hôtels.

Il existe même une version pour enfant qui implique une récompense. Dites à votre enfant que vous lui donnerez un euro, ou qu'il pourra rester une heure supplémentaire à la piscine ou que vous lui offrirez une journée à Disneyland, etc. s'il revient de l'école le lendemain en étant capable de vous dire la couleur des yeux de chacun de ses professeurs.

Muldoon me regarda droit dans les yeux et me parla doucement et lentement : « *Les yeux diffusent de l'autorité ; ils donnent au message sa direction et renforcent sa précision et son impact.* » Il me scruta avec insistance et j'évitai son regard. « *Vous saisissez ?* » me demanda-t-il.

« *Oui* », approuvai-je avec vigueur.

« *Alors souriez* », dit-il. J'eus un rictus. « *Qu'est-ce que c'est que ça ?* » demanda-t-il.

« *Je ne parviens pas à sourire sur commande* », dis-je.

« *C'est par vanité ? Vous avez peur de passer pour un idiot ?* » s'étonna-t-il.

« *C'est plutôt par bêtise* », répondis-je.

« *Vous feriez mieux d'apprendre* » dit-il. « *Le regard n'est pas le seul moyen d'entrer en contact avec les autres. La manière la plus rapide de vous montrer sous votre meilleur jour est de sourire. Souriez et le monde entier sourit avec vous. Quand vous souriez, vous dites :* "Je suis accessible", "Je suis heureux" *et* "j'ai de l'assurance". *Ne laissez pas la vanité faire obstacle à votre réussite.* »

Exercice

Comment sourire ?

La façon la plus rapide de vous montrer sous votre meilleur jour est de sourire. Le sourire est un signal d'accessibilité, de bonheur et d'assurance. Les mannequins professionnels ont des trucs pour se mettre en condition et sourire. Je vous livre mon préféré : placez votre visage à environ 30 centimètres d'un miroir ; regardez-vous droit dans les yeux et dites le mot « *super* » de différentes manières, d'une voix forte, douce, sensuelle, colérique, interrogative etc. Continuez tant que vous pouvez. À la fin, vous éclaterez de rire. Répétez cet exercice une fois par jour, pendant trois jours.

Dès la rencontre suivante, dites « *super* » à voix basse, trois fois, et vous vous mettrez à sourire.

Je ne connaissais Francis Xavier Muldoon que depuis trois jours, mais j'avais eu le temps de voir comment il mettait au point une force de vente, établissait une stratégie avec l'équipe éditoriale et concluait une affaire en moins de 2 minutes. Mais à cet instant, dans le taxi qui nous ramenait au bureau, j'ai eu l'impression que je le connaissais depuis toujours. Pourquoi ? Loi de Muldoon numéro deux.

« *Comment vous sentez-vous ?* » s'enquit-il.

« *Bien* », répondis-je, et il leva doucement un sourcil.

« *En fait, super bien.* »

« *Je sais* », dit-il. Puis il poursuivit : « *Savez-vous comment je le sais ?* »

« *Vous voyez que je souris, que j'acquiesce à ce que vous dites et que j'apprends plein de trucs.* »

« *Oui, mais cela va plus loin encore. Regardez comment vous êtes assis.* »

Je baissai les yeux. J'étais affalé contre la portière du taxi, les bras croisés et le menton dans la clavicule gauche.

« *Maintenant, regardez la façon dont je suis assis.* »

Je ne m'en étais pas rendu compte, mais je réalisai au moment où il me le faisait remarquer que la posture de Muldoon était identique à la mienne. On aurait dit que je regardais un miroir.

« *Savez-vous ce que font les gens qui s'entendent bien d'un point de vue comportemental ?* »

Je décidai qu'il était préférable de hocher la tête en signe de dénégation. Il fit la même chose : il agita la tête comme s'il disait non.

« Ils deviennent comme l'autre. Ils commencent à s'asseoir de la même manière et à parler avec le même ton de voix. Aujourd'hui, à l'agence de vente par correspondance, quand le client inclinait la tête, je faisais de même. Lorsqu'il montrait un peu de tension, moi aussi. Quand il se détendait, je faisais de même. J'ai changé mon comportement, mes attitudes et mes expressions afin de m'adapter à ce qu'exigeait l'instant; et j'ai fait tout cela pour être en harmonie avec le contexte. »

« Comme un caméléon ? » interrogeai-je.

« Et à cet instant précis, je suis en train de procéder de même avec vous. Vous ne vous en êtes pas rendu compte mais cela vous a mis à l'aise et vous a permis de vous détendre. »

« C'est pour cela que j'ai eu l'impression tout à l'heure pendant l'entretien que vous vous connaissiez tous les deux », dis-je.

Je commençai à saisir.

Muldoon avait raison. Nous savons instinctivement comment nous adapter. Nous savons comment devenir des caméléons parce que nous l'avons fait toute notre vie. Nous apprenons par l'imitation. Si je vous souris, votre nature humaine vous commande de me sourire en retour. De même, si je vous salue d'un « *bonjour* », il y a de fortes chances que vous me retourniez mon salut. Cela fait partie de la prédisposition naturelle de l'être humain à adopter des comportements synchrones et réciproques. Ce phénomène, appelé synchronie limbique, est ancré dans le cerveau humain.

À mesure que nous grandissons, notre entourage influence notre comportement. Nous acquérons de bonnes manières en imitant les personnes qui nous entourent. Nos rythmes sont synchrones, nos comportements sont synchrones et même notre savoir est synchrone. Lorsque quelqu'un nous copie, cela peut être flatteur. Si nous entendons quelqu'un répéter nos paroles, nous sommes heureux de constater que notre message est passé. Nous aimons les gens qui nous ressemblent. Ils ont reçu la même éducation que nous, ce qui nous rassure et nous met à l'aise.

Depuis que nous sommes né, nous recherchons cette synchronisation, en réponse à notre contexte émotionnel et physique. Le rythme physique du nourrisson et celui de sa mère sont synchrones ; plus tard l'humeur du petit enfant s'accorde avec celle de ses compagnons de jeu ; par la suite, l'adolescent calque ses goûts sur ceux de ses camarades. Enfin, l'adulte manifeste des opinions et préférences largement déterminées par celles de ses amis. Nous apprécions et nous nous sentons bien avec les gens qui nous ressemblent. Lorsque vous dites à quelqu'un : « *Je t'aime bien* » vous dites probablement : « *Je suis comme toi* ».

Inconsciemment, nous nous sommes synchronisés avec les autres depuis notre naissance. Il est grand temps de le faire consciemment.

La synchronisation nous donne l'impression que nous sortons du même moule, que nous appartenons au même groupe. Si quelqu'un fait comme nous – en termes de comportement de vêtements, ou d'expression –, nous pensons qu'il *est* comme nous. En clair ? On ne hurle pas dans une église, on ne murmure pas au stade. C'est aussi simple que ça : nous devons nos plus grands succès au fait de nous adapter à la situation.

Muldoon était en train d'essayer de m'expliquer que si nous ajustons consciemment notre comportement, nos attitudes et nos expressions aux gens que nous rencontrons, ces derniers se sentent bien. Nous leur devenons familiers et, du coup, ils nous apprécient.

De nos jours, les personnes les mieux taillées pour le succès sont celles qui apprennent à connaître et à comprendre le plus grand nombre de gens au sein de leur entreprise, de leur secteur d'activité ou de leur métier. Elles parviennent à créer divers réseaux dans leur société, parce que le nombre de leurs relations les rend quasiment indispensables. Ce sont elles qui sont promues, même si elles ne sont pas les plus productives, parce que leur travail et leurs contributions sont largement connus et reconnus. Ce sont les caméléons.

Nous étions en pleine heure de pointe. Notre taxi était à l'arrêt et nous n'arriverions pas au bureau avant une bonne demi-heure. Le soir tombait.

« *Avez-vous faim ?* » s'enquit Muldoon.

« *Non, pas du tout.* » Je préférais largement continuer à l'écouter. J'étais impatient d'en apprendre plus sur la loi numéro trois. Soudain, Muldoon se retourna vers le pare-brise arrière et dit : « *Vous voyez ce vieux lampadaire au coin de l'immeuble en brique ?* »

En me penchant un peu, je parvins à le voir.

« *Qu'a-t-il de particulier ?* » demandai-je.

« *J'étais là hier soir. Le restaurant dans l'immeuble en brique s'appelle* Le Bentley's *; c'est le lieu de rencontre favori des journalistes et des publicitaires. J'y ai dîné divinement avec quelques amis. En entrée, j'ai pris leur spécialité, le soufflé aux épinards, avec une sauce aux anchois. C'était servi avec du pain grillé maison. Le pain était croustillant et le soufflé fondait sous la langue. Puis, j'ai commandé un steak au poivre avec une purée crémeuse et des pois frais et pour finir des crêpes-suzette et un excellent vieux cognac* », répondit-il.

Mon estomac ? Je n'y pensais pas deux minutes auparavant, mais maintenant j'étais affamé. J'avais tellement envie de ce steak et de cette purée que j'en salivais à l'avance. Plus j'y pensais, plus il me les fallait. Je les visualisais, je les entendais, je les sentais, je les goûtais et je pouvais les toucher.

« *Je crois que vous venez de me persuader que j'ai faim !* » dis-je.

Muldoom sourit et dit : « *Plus exactement, je me suis contenté d'activer votre imagination pour déclencher vos émotions, c'est-à-dire, dans ce cas, votre appétit.* »

J'eus une illumination et dis triomphalement : « *C'était pareil chez le client : lorsque nous avons répandu toutes les enveloppes sur le sol, il a pu imaginer que la publicité allait exaucer ses rêves de succès.* »

Muldoon acquiesça puis pris sa mallette sur ses genoux. Je pensais qu'il allait me montrer quelque chose, mais il y prit simplement un mince dossier et commença à en étudier le contenu.

Assis sur le strapontin et dos à la route, je luttais contre mon estomac qui criait famine. En plus, j'étais mal assis sur ce siège inadapté à ma grande taille. Au bout de quelques minutes, je regagnai ma place initiale, sur la banquette à côté de Muldoon. Il était totalement absorbé par son dossier, aussi étendis-je mes jambes et regardai-je par la fenêtre sans rien dire.

Je jetai un œil à Muldoon en me demandant à quoi ressemblait sa vie. « *Voilà un type qui doit avoir deux fois mon âge – j'avais presque vingt et un ans –, et qui est vraisemblablement capable de faire ce qu'il veut* », pensai-je. « *Il a de l'assurance, il est calme et il a du charme. Tout ce qu'il dit paraît si évident... mais comment n'y ai-je pas pensé plus tôt ? Bien sûr que l'on se sent à l'aise, en phase et plein de respect en présence de personnes qui nous ressemblent. Bien entendu, l'imagination est la clef des émotions. Après tout, nous vivons d'imagination :*

quand nous ne sommes pas en train d'imaginer le futur, nous fantasmons sur le passé. »

La vitre nous séparant du chauffeur s'ouvrit subitement : « *Désolé, mais on dirait qu'il y a un problème sur la chaussée un peu plus loin, mais ça ne devrait plus être long.* »

« *Merci du tuyau* », répondis-je, sarcastique.

« *Je n'y suis pour rien* », répondit le chauffeur en refermant brutalement sa vitre. C'est vrai que ce n'était pas de sa faute mais la faim me rendait acariâtre.

« *Pas de problème, merci du renseignement* », dit posément Muldoon en me lançant un regard attristé.

« *Bravo ! Très bonne première impression. Qu'est-ce que vous vous voulez ? Que ce chauffeur nous aide ou qu'il nous prenne en grippe ?* » Il était évident que Muldoon avait encore au moins une leçon à me donner ce soir-là.

« *À votre avis, qu'est-ce qui va nous faire arriver plus vite : le fait que vous le traitiez avec respect ou que vous le menaciez de mille morts ?* » « *C'est bon* », dit-il en souriant devant l'embarras lisible sur mon visage.

Il ajouta : « *Tôt ou tard, les gens qui réussissent s'aperçoivent que pour obtenir ce qu'ils veulent des autres, ces derniers doivent vouloir* les aider. *Il n'y a que six façons de faire faire aux autres ce que l'on souhaite : la loi, l'argent, la puissance émotionnelle, la force physique, le mirage de la beauté physique ou la persuasion. La persuasion est le moyen le plus efficace ; c'est l'étape suivante du jeu. Réfléchissez-y. La persuasion est plus puissante, souvent plus rapide, généralement plus économique et engendre des résultats plus efficaces que la pression de la loi, la corruption, la contrainte émotionnelle, la force physique ou le pouvoir de la beauté. Mais il y a un problème : si vous ratez votre première impression, comme vous venez de le faire, il ne peut plus être question de persuasion. Vous devez alors avoir recours à l'un des moyens cités précédemment pour reprendre le contrôle de la situation. Désormais, le chauffeur de taxi vous déteste et il vous met dans le même sac que tous les autres abrutis qui parlent mal aux chauffeurs.* »

Sir Winston Churchill disait que la persuasion était « *la pire des formes de contrôle social, à l'exception de toutes les autres* ». Aristote affirmait que la persuasion devait s'appuyer sur trois éléments pour être efficace : la confiance, la logique et l'émotion. Soyons concret : pour être persuasif, vous devez donner une bonne première impression en établissant la confiance grâce à votre attitude (langage du corps, ton de voix) et votre aspect global ; vous devez présenter votre cas selon une logique imparable et accentuer un peu les émotions. Peu importe que vous vendiez et promouviez de l'espace publicitaire, que vous vantiez les mérites du pinot noir par rapport au bourgogne ou que vous fassiez un discours présidentiel. Vous devez persuader votre auditoire de vous faire confiance et que vous représentez le bon sens. Vous devez le toucher. Pour être persuasif, vous devez communiquer tout cela, et le faire vite.

Mais qu'entend-on exactement par communication ? Si je souhaite que l'un de mes fournisseurs fasse quelque chose pour moi et s'il ne le fait pas, cela veut dire que ma communication a échoué. Suis-je responsable à 100 % de mon échec ou de mon succès ? Oui. Dans les affaires, la mesure d'une communication efficace se fait à l'aune de la réponse reçue. Donc, que faire si mon fournisseur ne me livre pas les marchandises ? Je pourrais lui demander ce qui c'est passé et il me promettrait que cela n'arrivera plus. Mais si cela se reproduit néanmoins ? Je pourrais le surveiller un peu plus, tempêter ou m'emporter, ou encore supplier. Je pourrais aussi changer de métier, faire tout autre chose, ou encore changer de fournisseur. Cela fait, si ça ne marche toujours pas, je pourrais encore tourner et virer jusqu'à ce que mes vœux soient exaucés. Par vanité, l'être humain a tendance à refaire les mêmes choses encore et encore, tout en espérant obtenir des résultats différents.

Dans presque toutes les situations, il est essentiel de commencer par définir ce que l'on souhaite.

C'est un fait : tout comportement est une réaction à une information. Si vous voulez quelque chose, vous essayez de l'obtenir. En cas d'échec, vous pouvez essayer de refaire la même chose ou identifier ce que votre premier essai vous a enseigné (l'information), revoir votre stratégie et essayer à nouveau. Tâchez de retirer plus d'informations de votre deuxième essai et continuez à essayer et affinez votre démarche jusqu'au succès. Essayez et affinez, essayez et affinez. Il n'y a pas d'échec, seulement de l'information. Pour réussir, la formule est la suivante : vous devez savoir ce que vous souhaitez (en termes positifs : « *je veux une collaboration* » plutôt que « *je ne veux pas de conflit* »), puis déterminer ce que vous obtenez et changer votre démarche tant qu'elle ne donne pas les résultats attendus.

« *Vous voyez ce panneau là-bas ?* » dit Muldoon en visant la vitrine d'un restaurant Kentucky Fried Chiken. « *Regardez à l'intérieur : c'est plein. Cette chaîne possède des restaurants dans le monde entier, et son succès vient du fait que les gens ont été persuadés qu'ils avaient envie d'y aller pour déjeuner. L'enseigne leur garantit qu'ils mangeront correctement et pour un prix raisonnable. L'essence même d'une activité et d'une marque est de tenir les promesses qu'elles font à leurs clients.* »

« *Et lorsque l'on vous tient par votre imagination, on vous tient tout court ?* » demandai-je.

L'évangile selon Muldoon / 41

Muldoom répondit : « *Tout à fait. On vous tient grâce à la persuasion, et non à la coercition ou à l'intimidation. On ne force personne à venir déjeuner à tel ou tel endroit. La coercition consiste à faire faire aux gens ce que vous voulez qu'ils fassent ; la persuasion, elle, s'emploie à faire en sorte que les gens* veuillent *faire ce que vous voulez qu'ils fassent. La persuasion s'appuie sur la manière dont on parle aux rêves des gens et sur les liens que le fabricant ou l'entrepreneur tissent entre ses produits, services ou causes et la réalisation des rêves des gens et la façon dont vous leur faites voir, entendre, sentir et vouloir la situation.* » Muldoon semblait comme un poisson dans l'eau. J'adorais certes l'écouter parler mais j'avais toujours une faim de loup.

Il fit une pause et regarda autour de lui : « *Vous voyez toujours le restaurant là-bas ?* » Nous avions à peine avancé au cours des cinq dernières minutes.

« *Oui.* »

« *Regardez-le bien. Il vous aidera à retenir les trois aspects d'une communication réussie. KFC – Know what you want, Find out what you are getting, and Change what you do until you get what you want*[1]. »

Je savais très précisément ce que je voulais à cet instant – manger – et la vitrine du restaurant n'arrangeait rien. Pourquoi m'infligeait-il cela ?

« *OK, je regarde, mais à vrai dire, je ne vois pas comment tout cela va m'aider.* »

Mais, soudain, je compris : Muldoon me testait. Il m'avait donné faim à dessein, en excitant mon imagination, puis, il avait montré un restaurant en précisant qu'il était propre et

---

1. *Note de l'éditeur.* Littéralement SIC – Savoir ce que vous voulez, Identifier ce que vous obtenez et Changer ce que vous faites jusqu'à obtenir ce que vous cherchez.

agréable. Ensuite, il m'avait demandé de savoir ce que je voulais, d'identifier ce que j'obtenais et de changer ce que je faisais jusqu'à obtenir ce que je cherchais. Maintenant, il attendait de voir ce que j'allais faire de tout cela.

« *Monsieur Muldoon* », dis-je.

« *Appelez-moi Franck* », répondit-il.

« *Franck, je meurs de faim* », ajoutai-je bravement.

Il me sourit d'un air entendu et dit : « *Je sais. Alors, qu'allez-vous faire ?* »

Je me retournai pour regarder par le pare-brise : nous étions bloqués dans les embouteillages, en pleine heure de pointe. Nous ne parviendrions pas au bureau avant sa fermeture. Quand je regardai à nouveau Muldoon, il mit la main sur la poignée, ouvrit la portière avec son coude et il me dit : « *À demain* », tout en restant immobile.

Ce fut mon heure de vérité : la logique et l'émotion bataillaient ferme dans ma tête. J'adressai à Muldoon mon sourire le plus candide, ramassai le sac d'enveloppes et l'enjambai pour m'élancer dans le vaste monde. Avant de refermer la portière, il m'adressa un clin d'œil malicieux et me fit signe d'avancer. Alors que je me penchai vers lui, la pluie glissa le long de mon cou, mais je continuai à sourire. « *Aujourd'hui, je vous ai enseigné la technique. La prochaine fois, je vous apprendrai la substance. Vous avez bien travaillé* », me dit-il.

La circulation se fluidifia et le taxi s'éloigna. À cet instant, je n'avais qu'une seule pensée : j'aurais bien échangé le steak au poivre dont je rêvais contre un parapluie et un imperméable. Je dînai ce soir-là de poulet grillé en grande quantité.

L'évangile selon Muldoon / 43

De nombreuses années plus tard, en lisant dans le *Wall Street Journal* que Kentucky Fried Chicken avait changé de nom pour s'appeler désormais KFC, je repensai à ce moment passé dans un taxi londonien où malgré mon ventre qui criait famine, j'écoutais avec avidité l'évangile selon Muldoon.

K : *Know what you want* / Savoir ce que l'on veut.

F : *Find out what you're getting* / Identifier ce que l'on obtient.

C : *Change what you do until you get what you want*[1] / Changer ce que l'on fait jusqu'à obtenir ce que l'on cherche.

Et vous ? Savez-vous ce que vous voulez ? Dans le film *Wall Street*, le personnage joué par Charlie Sheen, Bud Fox, en a assez de son métier de *golden boy* toujours le dos au mur. Alors, il fait la liste de ce qu'il veut : du pouvoir, de l'argent et des sensations. Il pense que s'il parvient à obtenir la gestion du compte du financier Gordon Gekko, la vie sera belle. Il décide de prendre rendez-vous avec Gekko, mais se heurte au barrage de sa secrétaire. Plutôt que de réessayer en lui parlant avec agressivité, il modifie son comportement pour se concentrer, pendant un temps, sur les moyens d'amadouer l'irascible secrétaire grâce à quelques cadeaux et des mots doux. La deuxième attitude ne marche pas mieux que la première ; Bud Fox change encore une fois de stratégie : il étudie Gekko si minutieusement qu'il en vient quasiment à lire dans ses pensées. Il s'arrange ensuite pour le croiser quelques minutes dans un lieu public, et lui fait une offre à laquelle il ne peut résister. La technique est enfin payante : Bud Fox finit par travailler pour Gekko et obtient ce qu'il

---

1. *Ibid.*

souhaitait. En l'occurrence, il obtient même beaucoup plus. Quoi qu'il en soit, le système SIC a fonctionné pour lui.

Que vous soyez dentiste ou chanteur de hard-rock, agent immobilier ou le plus grand fabricant mondial de matelas en plumes d'oie, étudiant ambitieux dans une école de commerce ou trésorier d'une petite association municipale, à moins d'utiliser le système SIC, vous continuerez à obtenir les mêmes résultats. Et ceux qui comprennent ce système vous dépasseront très rapidement.

Le directeur d'une petite école de l'Ontario souhaitait transférer ses locaux du sous-sol d'une église à un immeuble dont il serait propriétaire. Par le passé, il avait essayé de lever des fonds, mais cela n'avait pas donné grand-chose et l'école continuait à dépendre principalement des familles d'élèves et des anciens étudiants. Il avait aussi organisé des kermesses – en vendant des produits et services collectés auprès des entreprises locales – mais cela n'avait pas non plus été suffisant. Suivant son bon sens, il décida alors de changer de tactique pour essayer quelque chose de totalement différent. Il mit en place un comité de collecte de fonds qui fit appel à certains professionnels locaux – des entrepreneurs, une agence de relations publiques, un joueur de golf et quelques commerçants – pour étudier les diverses options à leur portée pour déménager. Les membres du comité déterminèrent ce qui leur était nécessaire et ce qu'ils pouvaient effectivement espérer : la somme fut fixée à 25 000 dollars pour la première année et pour les dix années suivantes.

EXERCICE

SAVEZ-VOUS CE QUE VOUS VOULEZ ?

Voici quelque chose que vous pouvez essayer au travail :
Listez trois choses que vous n'aimez pas. Il peut s'agir de choses insignifiantes mais concrètes, par exemple : *je ne veux pas entendre les autres téléphoner parce que cela me distrait ; je déteste ne pas obtenir de consensus lors des réunions marketing ; je n'aime pas les clients impatients.* Puis, considérez votre problème – le côté négatif – et transformez-le en désir – le côté positif. Cela donne : *je souhaite un bureau tranquille dans lequel je puisse me concentrer ; je veux en savoir plus sur ce qui motive mes collègues ; je veux apaiser les gens.*

Une fois que vous avez déterminé ce que vous souhaitez, soyez créatif et flexible ; essayez différentes solutions. Si le fait d'entendre vos collègues vous distrait, portez des boules Quiès. Si cela ne marche pas, identifiez la personne qui vous gêne le plus et demandez un autre bureau. Si cela ne fonctionne toujours pas, dites à votre supérieur que vous seriez plus efficace dans un environnement tranquille et voyez ce qu'il peut faire. Accumulez le plus d'informations possibles et, sur cette base, changez de comportement jusqu'à obtenir satisfaction.

EXERCICE

COMMENT SAVOIR QUE VOUS AVEZ OBTENU SATISFACTION ?

Fermez les yeux et constituez-vous un « *souvenir dans le futur* ». Choisissez le bon moment. Visualisez votre projet. À quoi ressemble-t-il ? Qu'entendez-vous et que ressentez-vous ? Qu'est-ce que cela sent ? Quel goût cela a-t-il ? Vous verrez un peu plus loin que le cerveau s'exprime d'abord par les sens : images, sons et sensations sont ses outils.

Votre subconscient, doté d'une infinie capacité d'organisation, sera plus efficace s'il peut voir, entendre et ressentir ce que vous voulez, plutôt que de viser des buts abstraits et indistincts. Après tout, qu'est-ce qui marche le mieux ? Dire : « *Je veux du bonheur* » ou bien « *Je serai content et plus productif quand je pourrai travailler dans un endroit calme* » ? La réponse est bien sûr la seconde option. Il est beaucoup plus facile et efficace de montrer à votre subconscient ce que vous souhaitez en lui expliquant spécifiquement à quoi ressemblera votre vie quand vos souhaits seront satisfaits.

Cette réunion déboucha sur le premier tournoi de golf annuel de l'école. Le but était non seulement de lever des fonds, mais également de faire connaître l'établissement à un plus grand nombre de gens. Il fut baptisé le « *Tournoi de Golf Tout-en-Un* », soulignant ainsi la vocation de l'école – éduquer globalement les enfants – et du tournoi. Les membres du comité savaient qu'ils n'avaient aucune chance de succès si le tournoi ne se distinguait pas des autres compétitions de golf. Du coup, ils s'attachèrent à le rendre unique et professionnel, plutôt qu'à en faire une jolie vente de charité. Le capitaine des pompiers et le chef de la police furent conviés. Ces deux personnalités n'auraient certes pas suffi à attirer les foules, mais elles invitèrent à leur tour quelques célébrités locales, dont un célèbre musicien de rock qui vivait dans la région. Lorsqu'une douzaine de commerçants des environs acceptèrent d'offrir des prix valant au moins mille dollars à quiconque réussirait à faire un trou en un seul coup, nos collecteurs de fonds surent qu'ils avaient gagné leur pari.

Dès le début, les membres du comité savaient ce qu'ils voulaient ; au cours des années qui suivirent, ils identifièrent ce qu'ils obtenaient ; et ils changèrent ce qu'ils faisaient jusqu'à obtenir ce qu'ils cherchaient. Parce qu'ils avaient adhéré au modèle SIC, le tournoi dépassa leurs attentes dès la première année. Le succès fut tel qu'ils furent déjà impatients d'organiser leur deuxième « *Tout-en-Un* ».

En bref...

« L'ÉVANGILE SELON MULDOON »

La première impression ouvre la porte du succès ; elle est déterminante.

- **Regardez les gens dans les yeux et souriez.** Votre message là où va votre voix, et votre voix va là où votre regard l'envoie. Le contact par les yeux valide la personne et engendre la confiance. Le sourire vous fait paraître heureux et confiant. Dites intérieurement « *super* » trois fois et mettez-vous dans l'ambiance.

- **Adaptez-vous : devenez un caméléon.** Nous nous sentons à l'aise et détendu avec les gens qui nous ressemblent. Synchronisez votre langage corporel avec celui de vos interlocuteurs afin d'établir un contact immédiat.

- **Captivez l'imagination pour captiver le cœur.** Utilisez un langage riche en images, faisant appel aux sens, afin que les autres puissent voir, entendre, ressentir et même, parfois, sentir et goûter ce que vous leur dites.

La persuasion

La persuasion amène les autres à *vouloir* faire ce que vous voulez qu'ils fassent. Pour être efficace, elle doit s'accompagner de trois éléments : une première impression inspirant confiance, une logique imparable et un soupçon d'émotions.

- **La confiance.** Votre titre (« directeur général »), vos diplômes ou votre réputation peuvent inspirer confiance d'entrée de jeu. Mais celle-ci s'obtient surtout dès le premier contact grâce à votre attitude (langage corporel, ton de voix) et votre aspect général.

- **La logique.** Votre opinion, votre présentation et votre argument doivent avoir du sens.

- **L'émotion.** Vos arguments doivent faire appel à l'imagination, donc aux émotions.

Jouez sur les trois niveaux afin que votre interlocuteur (votre groupe ou votre auditoire) ressente que vous lui dites : *Je vous fais confiance, je vous comprends et vous ne m'êtes pas indifférent.* Notez que la confiance arrive en premier.

SIC

Le sens de la communication réside dans sa réponse. Nous sommes totalement responsable du succès ou de l'échec de notre type de communication. Le système *SIC* est la formule d'une communication réussie.

- ***S : Savoir ce que l'on veut.*** Définissez vos souhaits en termes positifs, et si possible au présent.

- ***I : Identifier ce que l'on obtient.*** Examinez les informations que vous recevez et tirez-en un enseignement de façon à déterminer ce qui vous permet d'approcher du but et ce qui vous en éloigne.

• **C : *Changer ce que l'on fait jusqu'à obtenir ce que l'on cherche.*** Il est inutile de s'obstiner à faire et refaire la même chose tout en espérant des résultats différents. Si vous n'obtenez pas ce que vous voulez, essayez de nouvelles approches, parfois totalement différentes, jusqu'à réaliser vos souhaits.

DEUXIÈME PARTIE

LES NOUVELLES RÈGLES : PRENEZ CONTACT AVEC LA NATURE HUMAINE

Chaque fois que vous rencontrez un étranger, celui-ci choisit inconsciemment de fuir, de combattre ou de rester. De très nombreux jugements sont effectués en un éclair, au niveau subconscient. D'ailleurs, il est courant de dire : « J'ai su qu'elle me plaisait dès que je l'ai vue. » Mais comment est-ce possible ?

La raison de ce phénomène tient à la construction originelle de l'animal humain. Une fois les filtres « j'aime/je n'aime pas » mis en place, tout va dépendre des premiers instants de chaque rencontre : si votre interlocuteur vous apprécie, il voit vos meilleurs côtés et ne vous trouve aucun défaut. Dans le cas contraire, rien ne peut vous racheter.

Il est impossible d'empêcher ces jugements instantanés, mais il est possible de les tourner à son avantage. Cette partie de l'ouvrage expose les nouvelles règles à adopter. Elles sont basées sur les enseignements de Muldoon, les rapports des scientifiques et des experts que j'ai rencontrés, ainsi que sur ma curiosité naturelle et mes observations. Vous allez apprendre dans les pages suivantes à adapter vos signaux tacites, afin que votre interlocuteur se sente à l'aise, en sécurité et en confiance dès qu'il vous verra.

CHAPITRE 2
NEUTRALISEZ LES RÉPONSES DE FUITE OU DE COMBAT

Les premières secondes d'une rencontre mettent en jeu des réactions instinctives. Chacun des individus en présence fait des observations inconscientes et irréfléchies, centrées sur sa sécurité : « *Je me sens (ou pas) en sécurité avec vous* », « *Je vous fais confiance (ou pas).* »

De façon subconsciente, notre instinct animal de survie nous rend extrêmement vigilant lors d'un premier contact et, l'espace d'une seconde, un bouclier mental de protection se met en place, alors que notre corps entre dans un état de conscience plus élevé. En regardant à travers ce bouclier, nous mesurons ce qu'il est prudent de révéler et la vitesse à laquelle nous allons le faire. À ce stade, les impressions qui se dégagent influencent et colorent les attentes, et activent l'imagination, qui engendre des jugements instantanés – positifs ou négatifs – de la part de la personne rencontrée.

Mais ne vous découragez pas. Il vous est possible de neutraliser cette réponse de survie et d'initier un jugement instantané favorable. Ainsi pourrez-vous engendrer une attitude réceptive et des attentes positives. Pour commencer, quel est, d'après vous, l'élément que les gens admirent le plus, de façon inconsciente, chez les autres ? La réponse est la suivante : les gens sont avant tout attirés par des individus qui paraissent en bonne santé, plein de vitalité et qui dégagent de l'énergie. Ils recherchent des personnes qui vont encourager leur développement, qui donnent plutôt qu'elles ne prennent.

L'énergie positive, par définition, suggère la santé et la vitalité. Elle peut se dégager de la manière dont vous entrez dans une pièce, dont vous occupez l'espace et dont vous prêtez attention aux messages des gens qui vous entourent. L'attitude, la gestuelle, les expressions du visage et le contact par le regard ont une influence sur l'énergie que vous diffusez, et les gens que vous rencontrez forment leur jugement sur la base de ce que vous montrez tout au long de la journée.

Le docteur Nalini Ambady, de l'université de Harvard, a fait une découverte époustouflante lors d'une étude sur les aspects non-verbaux d'une bonne pédagogie. Après avoir enregistré des centaines d'heures d'enseignement, le Dr Ambady a montré à un groupe d'étudiants un clip muet de deux secondes montrant des enseignants qu'ils ne connaissaient pas. Puis, elle leur donna, ainsi qu'à un groupe d'étudiants qui eux, avaient suivi les cours de ces mêmes enseignants pendant un semestre, une liste d'attributs pédagogiques leur demandant de noter les professeurs. Les deux groupes d'étudiants – ceux qui avaient vu les professeurs deux secondes et ceux qui les avaient vus pendant un semestre – parvinrent à des résultats quasiment identiques, démontrant ainsi le pouvoir d'une première impression.

La liste qui suit (différente de celle du Dr Ambady) contient plusieurs des signaux tacites engendrant des jugements instantanés. Il y en a beaucoup d'autres, mais cette liste vous donnera déjà une idée de l'importance de ce que vous dégagez sans parler. Si vous lisez ce livre dans un restaurant, un aéroport ou tout autre lieu public, regardez les gens qui vous entourent et notez-les en fonction des critères ci-dessous.

Entourez le chiffre qui, selon vous, décrit le mieux l'être que vous avez retenu. Par exemple, entourez 1 si ce dernier semble très bavard, 4 s'il paraît plutôt silencieux.

Bavard	1	2	3	4	5	Silencieux
Ouvert	1	2	3	4	5	Renfermé
Intéressant	1	2	3	4	5	Ennuyeux
Digne de confiance	1	2	3	4	5	Peu fiable
Irritable	1	2	3	4	5	Posé
Persévérant	1	2	3	4	5	Superficiel
Chaleureux	1	2	3	4	5	Réservé
Audacieux	1	2	3	4	5	Prudent
Jaloux	1	2	3	4	5	Pas jaloux
Scrupuleux	1	2	3	4	5	Sans scrupule

Pour noter ces personnes que vous ne connaissez pas, vous évaluez ou répondez aux signaux tacites qu'ils envoient. Et il se peut que vous vous trompiez complètement ! Malheureusement, nous sommes nombreux à diffuser, sans le savoir, des signaux à travers notre langage corporel ou notre aspect global (style, vêtements, maintien général) qui conduisent les gens que nous croisons à mal nous juger, avant même que nous n'ayons ouvert la bouche. Et oui ! Tout le monde juge un livre à sa couverture, un restaurant aux photos présentées sur le menu et, bien souvent, une ville ou même une culture sur la base de la première personne rencontrée à l'aéroport ! Mais vous pouvez apprendre à court-circuiter tous ces jugements hâtifs.

Il est difficile de ne pas avoir de jugements instantanés car ils font partie de la nature humaine. Mais il est possible de neutraliser les réponses de fuite ou de combat et d'accroître ses chances d'établir une relation de confiance.

Peu après la publication de mon premier livre, *Tout se joue en moins de 2 minutes*, un journaliste du *Houston Chronicle* choisit de me faire passer un test plutôt que de m'interviewer.

Nous allâmes, le journaliste, un photographe et moi-même, dans le centre-ville de Houston. Leur plan était le suivant : le journaliste m'indiquerait des personnes que je devais accoster, puis se tiendrait au coin de la rue, tandis que son photographe se cacherait derrière un arbre, un peu plus loin.

Exercice

Les jugements instantanés

- Faites l'exercice suivant lors d'une réception, d'un salon commercial ou dans la file d'attente au supermarché – c'est-à-dire dans un endroit où vous pouvez accoster des étrangers. Choisissez une personne qui vous semble présenter certains des aspects négatifs de la liste précédente (voir page 57) et demandez-lui un renseignement quelconque (la direction des toilettes ou du rayon traiteur par exemple) ; observez sa réponse afin de déterminer l'acuité de votre évaluation. Renouvelez l'exercice avec un individu présentant les aspects positifs de la liste et voyez si vos prévisions sont justes. Dans les deux cas, tâchez d'identifier ce qui a déterminé votre évaluation.

- Observez certains de vos collègues et essayez de les évaluer comme si vous les voyiez pour la première fois. Les résultats de cette évaluation reflètent-ils ce que vous savez d'eux ?

> Qu'est-ce que cette expérience vous enseigne sur la manière dont vous évaluez habituellement les gens, dès le premier regard ?
> • Cherchez quelques photos de vous, anciennes et récentes, et observez les signaux que vous dégagiez alors, et que vous diffusez aujourd'hui. Définissez ce que ces photos révèlaient de votre personnalité et de vos relations au moment où elles ont été prises. Cela vous aidera à vous sensibiliser à ce que vous communiquez à travers votre apparence, et à l'effet que cela peut avoir sur vos relations avec les autres.

« Vous voyez ce groupe là-bas ? Allez les voir et faites-vous en apprécier », me demanda le journaliste. Je lui avais expliqué auparavant que mon livre n'avait pas pour vocation de mystifier les gens en public car personne n'aime se faire berner. *« Quoi qu'il en soit »* dit-il, *« cela fera un bon papier. »*

Il avait frappé fort : le groupe indiqué comprenait cinq livreurs à bicyclette en pleine pause-déjeuner. Je portai ce jour-là un blazer, une chemise blanche, un jean noir et des chaussures rouges. Je me dirigeai vers eux. En dix secondes, le courant passait et nous discutions comme de vieux copains. J'appelai le journaliste qui nous rejoignit avec le photographe ; le premier demanda aux livreurs s'ils me trouvaient sympathique. Ils répondirent les choses suivantes : *« Il a l'air d'un type sympa »*, *« Il n'avait pas l'air agressif »*, *« Quand j'ai vu ses chaussures rouges, j'ai pensé qu'il était cool »*, *« Il s'exprimait correctement et était bien habillé »*, *« Je me suis senti à l'aise avec lui. »*

Nous continuâmes notre route et le journaliste monta d'un cran : il me montra une femme d'affaires très chic, portant un attaché-case, qui sortait en hâte d'un immeuble pour se diriger vers l'immeuble d'en face. *« Faites-vous apprécier de cette femme »*, me demanda-t-il.

« *Merci bien* » fis-je tout en me dirigeant vers elle pour l'intercepter. Vingt secondes plus tard, nous étions en train de rire aux éclats et de bavarder avec plaisir. « *Il était très chaleureux* », dit-elle au journaliste. « *Il a établi le contact en me regardant dans les yeux. Je voyais qu'il m'écoutait, aussi avais-je envie de lui répondre. Et il souriait.* »

Le journaliste décida d'augmenter encore la difficulté : il me désigna deux policiers à vélo du département de la police de Houston, assis devant un arrêt de bus. Les résultats furent identiques à ceux des deux expériences précédentes. « *Il n'avait pas l'air de quelqu'un dont j'aurais dû me méfier* », dit l'un. « *Il était correctement vêtu, et s'est approché de façon courtoise. Il ne semblait pas menaçant* », dit l'autre. « *Mais vous a-t-il paru sympathique ?* » interrogea le journaliste. « *Tout à fait, c'est un type sympa* », répondirent-ils en chœur.

Un mois après la parution de cette histoire, je reçus un appel d'un éditorialiste connu du *New York Times* qui me dit : « *Il est possible que ça fonctionne dans certains endroits, mais ici c'est New York.* »

Il me mit à l'épreuve : je dus entrer en contact avec plusieurs personnes depuis la jolie jeune femme blasée, seule dans la gare de Grand Central, jusqu'au garçon de café connu pour sa mauvaise humeur (que du bluff !) à la cafétéria de Carnegie, en passant par la dame qui vend des tickets de métro, et j'en passe. Les résultats furent probants : je parvins à établir le contact dans 100 % des cas.

Comment est-ce possible ? Quelle est ma recette ? Et pourquoi suis-je persuadé que, si je peux mettre à l'aise les gens et les faire sortir de leur coquille en moins de 2 minutes, tout le monde peut en faire autant ?

Écoutez bien : je vais vous livrer les éléments à prendre en compte pour nouer un contact en moins de 2 minutes mais sachez que vous en avez assez lu à ce stade pour réussir.

Alors voilà : dans chacune des situations, je me suis d'abord demandé quel était mon but. Ce point est essentiel. Ainsi à chaque rencontre, je voulais que l'individu que j'allais aborder ait confiance en moi. Avec cet objectif en tête, l'unique question que je pouvais poser, me semblait-il, à un parfait étranger, en dehors de tout contexte particulier, était la suivante : « *Quand vous voyez quelqu'un pour la première fois, comment savez-vous si vous pouvez lui faire confiance ?* » Un « contexte particulier » est un endroit où il est facile de poser des questions aux gens ; par exemple, si vous êtes dans une gare, vous pouvez vous renseigner sur les horaires des trains ; si vous vous trouvez dans une pharmacie, vous pouvez interroger les autres clients sur des pilules contre la migraine. Dans ces endroits, il suffit de poser des questions qui semblent sensées et normales. Mais si j'avais eu recours à ce type de questions, cela aurait sonné faux et mon interlocuteur serait resté sur sa réserve. C'est pourquoi je pris soin de poser une question intéressée, dénuée d'agressivité et adaptée à la situation.

Avant toute chose, je me suis mis soigneusement en condition, de façon à paraître honnête, enthousiaste et en pleine santé. Mon apparence travaille *pour moi*. Vous devez trouver votre propre style (sur ce sujet, de plus amples détails figurent page 153). Voici ce qui fonctionne pour moi :

- *Autoritaire de la poitrine à la tête.* Un blazer de prix, muni de boutons dorés ; une chemise blanche impeccable.

- *Accessible de la poitrine aux pieds.* Un jean noir, propre et neuf, moins formel qu'un pantalon de costume, dans lequel je me sens à l'aise. Des chaussures en cuir, d'un beau rouge brillant, un peu décalées, montrant que je ne me prends pas trop au sérieux.

Voici ce que je fis (et que vous pouvez faire) pour donner une très bonne première impression :

- Tout d'abord, comme je l'ai déjà dit, mes vêtements combinaient à dessein un côté autoritaire et accessible.

- Avant toute approche, j'ai adapté mon attitude. Je me montrais *curieux*, avec un soupçon de *malice*. En me dirigeant vers mes interlocuteurs, je me suis remémoré une époque où je vivais ce mélange de curiosité et de malice, et cela m'a mis dans l'ambiance (voir page 76).

- En m'approchant de mon interlocuteur, j'ai dit intérieurement : « *super, super, super,* » et cela m'a fait sourire. (Vous pouvez dire ces trois mots à voix haute ou dans votre tête, l'important étant le résultat. Ce mot, à lui seul, est énergisant et encourageant.)

- J'ai aussitôt noté la couleur des yeux de la personne dont je m'approchais.

- J'ai orienté mon corps de façon à tourner mon cœur vers celui de mon interlocuteur (pour plus de détails sur cette question, voir page 83) : cela traduit un langage corporel ouvert et indique un cœur généreux.

- J'ai montré à chacun de mes interlocuteurs que je n'avais rien de dangereux dans les mains pour ne pas déclencher un éventuel réflexe de survie (fuite ou combat). J'étais bien habillé et je tenais un stylo-plume dans la main, en guise de support. C'est le meilleur truc après une blouse de médecin : mon stylo visiblement onéreux me donne une apparente autorité. Le fait qu'il soit fermé indique que, selon toute vraisemblance, je ne m'apprête pas à écrire quelque chose – par exemple, je ne fais pas une étude.

- J'ai commencé par poser une question anodine : « *Veuillez m'excuser. Puis-je vous poser une question ?* » Ensuite, j'ai posé ma vraie question : « *Quand vous voyez quelqu'un pour la première fois, comment savez-vous si vous pouvez lui faire confiance?»* Il m'était facile d'avoir l'air intéressé par la réponse, puisque je l'étais effectivement. Rappelez-vous : préparez votre question à l'avance, définissez ce que vous voulez.

- Enfin, j'ai immédiatement synchronisé mon langage corporel et le ton de ma voix avec ceux de mon interlocuteur. Lorsqu'il y avait plusieurs personnes, comme dans le cas des coursiers, je me suis tourné vers chacun d'eux et j'ai adapté mon attitude générale à la leur.

Au début de chaque rencontre, il faut faire plusieurs choses en même temps. Les huit étapes que je viens d'énumérer n'ont probablement pas duré plus de dix secondes au cours desquelles j'ai parlé, observé et répondu. Ce que vous communiquez durant les premiers moments d'une rencontre fait de vous une personne crédible, honnête, enthousiaste et en bonne santé ou, au contraire, un individu que les autres vont fuir.

Dès que l'article du *New York Times* parut, l'émission *Good Morning America* décida d'enquêter pour déterminer si j'étais l'unique personne capable d'établir un contact en moins de 2 minutes, ou si n'importe quel lecteur de mon livre pouvait apprendre à en faire autant. L'une de leurs présentatrices, Lara Spencer, descendit dans les rues de New York armée du livre et fit l'expérience ; son taux de succès fut de 100 % ! Elle persuada ensuite un passant, un type costaud d'une bonne trentaine d'années, vêtu d'un tee-shirt et d'un jean, d'essayer lui aussi d'aborder de parfaits étrangers en moins de 2 minutes. Après quelques minutes d'entraînement, il obtint les mêmes résultats. Je peux vous assurer que vous ferez aussi bien qu'eux.

Tenir ses promesses

Dans la vie professionnelle, nos premières impressions sont souvent influencées par nos attentes. Quand le premier contact a été noué par téléphone, lettre ou courriel, nous nous faisons une idée de nos interlocuteurs à partir de ce qu'ils ont dit ou de la façon dont ils l'ont dit (ou écrit). Lorsque nous les rencontrons, nous nous attendons à l'image que nous avons d'eux. Si elle ne correspond pas, nous sommes souvent un peu déçus, ce qui peut nous amener à oublier les meilleurs côtés de ces personnes. À l'opposé, quand ils répondent à nos attentes ou les surpassent, nous sommes prêt à être plus généreux, à mieux les écouter, nous sommes plus optimiste.

Nous ne pouvons nous empêcher d'avoir des jugements instantanés ; ils font partie des réponses de survie instinctives et génétiques de l'être humain. Mais nous pouvons apprendre à aller au-delà de ce que nous voyons et à éviter de commettre les erreurs qui découlent fréquemment de ces décisions arbitraires. Chaque fois que quelqu'un ou quelque chose n'est pas conforme à vos attentes, prenez un moment pour le considérer à nouveau. Demandez-vous ce que vous souhaitez.

Soyez attentif à vos sensations et faites en sorte qu'elles n'interfèrent pas avec votre travail.

Eddie, agent commercial dans une imprimerie, n'avait jamais rencontré le directeur artistique de son plus gros client, bien qu'ils soient en contact par téléphone ou par courriel depuis un certain temps. Lorsqu'ils déjeunèrent

Neutralisez les réponses de fuite ou de combat / 65

ensemble pour la première fois, voilà ce qui arriva au cours des vingt premières secondes.

Eddie n'en crut pas ses yeux lorsqu'il vit Pierre : il ne correspondait en rien à ce qu'il imaginait. Pour commencer, Pierre faisait près de deux mètres et possédait une chevelure abondante qui lui donnait quelques centimètres supplémentaires. Le travail d'Eddie consistait à faire avancer son affaire : obtenir une décision *rapide* du client, lui faire une livraison *rapide* et recevoir un paiement *rapide*. La plupart des gens avec lesquels il travaillait n'étaient pas très grands – plutôt *rapides*. « Que vais-je faire avec le Géant Vert ? » pensa-t-il inconsciemment. Tout ce qui nous ralentit est mauvais pour nous.

Avant même que Pierre ne lui serrât la main, Eddie avait l'esprit plein de jugements définitifs sur la seule base de son apparence, qui allaient compliquer la prise de contact. Alors qu'ils atteignaient leur table, Eddie était déjà en train de se demander s'il allait pouvoir travailler avec Pierre, ou s'il fallait « éliminer » ce client.

Eddie se dit que l'employeur de Pierre ne lui aurait pas donné ce poste s'il avait été incapable de l'assumer, mais cette idée ne parvenait pas à le rassurer.

Comment Eddie pouvait-il dépasser cette désastreuse première impression ? Comment pouvait-il gérer sa déception ? Comment pouvait-il échanger ouvertement avec Pierre ? Stop ! On arrête tout ! Le problème d'Eddie n'était pas sa difficulté à communiquer avec Pierre mais sa communication avec lui-même. Eddie se concentrait sur l'apparence de Pierre plutôt que sur ses compétences et avait perdu de vue ce qu'il voulait : un directeur artistique qui ne pose pas de problème à ses imprimeurs, notamment en ralentissant tout le monde. À ce moment précis, Eddie avait complètement oublié son objectif ; en revanche, il était assailli d'idées préconçues.

66 / *Les nouvelles règles*

Ceci est également vrai pour les jugements que vous avez pu former sur des collègues de bureau que vous voyez régulièrement sans les connaître vraiment. La première impression donnée par une personne – un mois, un an ou quatre ans auparavant – peut continuer à affecter votre perception de cette personne aujourd'hui et vous empêcher de reconnaître une ressource potentielle de choix. Souvenez-vous, quand vous appréciez quelqu'un, vous en voyez le meilleur. Dans le cas contraire, il se peut que vous distinguiez exclusivement le pire. Les jugements instantanés créent des filtres dans notre esprit à travers lesquels passe tout ce qui concerne votre interlocuteur. Mettez ces filtres de côté et reconsidérez-le avec des yeux plus indulgents. Peut-être serez-vous agréablement surpris par ce que vous avez préalablement omis.

EXERCICE

JOUER AVEC L'ESPACE

Allez voir un ami, un collègue ou quelqu'un avec qui vous voulez vous amuser, et faites l'exercice suivant.

Tenez-vous à environ 5 mètres l'un de l'autre, face à face. Dites à votre ami qu'à cette distance, vous êtes dans son espace public mais que vous allez marcher vers lui très lentement et qu'il doit opiner de la tête et dire « *maintenant* » quand vous entrerez dans son espace social. Vous devriez être en mesure d'anticiper sa réponse en vous basant sur son langage corporel. Une fois qu'il vous a informé que vous étiez dans son espace social, continuez à vous approcher lentement et demandez-lui de vous indiquer le moment où vous entrerez dans son espace privé. Vous pourrez probablement également le déterminer en examinant ses réactions.

Enfin, une fois qu'il vous a dit que vous aviez investi son espace privé, demandez-lui de vous prévenir quand vous entrerez dans son espace intime. Comme les fois précédentes, cela devrait être parfaitement évident d'après ses réactions, et vous le saurez au même moment que lui.

Maintenant, inversez les rôles.

Le but de cet exercice est de vous faire voir, entendre et ressentir, grâce à une expérience très concrète, qu'il existe des frontières invisibles entre les individus et que celles-ci doivent être respectées. C'est important à savoir pour obtenir une réponse émotionnelle favorable de la personne avec laquelle vous êtes en contact.

Respectez l'espace de chacun. Les intrusions inattendues sont mauvaises pour vos relations.

L'espace privé

L'une des erreurs les plus fréquentes au cours des 2 premières secondes de toute rencontre est de mal évaluer le besoin d'espace privé de votre interlocuteur. Une telle bévue peut déclencher une réponse instinctive forte.

La lentille d'un téléobjectif est comme un télescope : elle donne l'impression que les choses sont beaucoup plus proches qu'elles ne le sont effectivement. En utilisant un tel outil, vous pouvez remplir le cadre avec un visage, tout en en étant éloigné de cinq ou six mètres. Si vous essayez de faire la même photo avec une lentille normale, vous devrez vous placer à dix centimètres de votre sujet! La photo ainsi prise est-elle différente? Oui, un peu. La sensation est-elle différente? Oui, très.

Quelqu'un qui s'approche trop près de nous peut déclencher notre réflexe de survie. Il nous paraît évident que plus une personne est loin, moins elle est menaçante. Mais nous ne percevons pas toujours clairement les changements de notre corps et de nos émotions à mesure que quelqu'un s'approche de nous.

Imaginez ceci : quelqu'un vient vers vous, passant de votre espace *public* à votre espace *social*, puis de celui-ci à votre espace *privé*. Il continue d'approcher. Votre cœur se met à battre un peu plus vite, tandis que votre conscience de cette personne augmente. Vos autres sens s'éveillent alors que votre corps tente de déterminer les intentions de cette personne. L'intrusion ultime a lieu quand un individu envahit votre espace *intime* sans y avoir été invité. À cet instant, il se peut que vous ressentiez un besoin incontrôlable de vous écarter ou de repousser l'envahisseur par des gestes ou des mots.

L'invasion inconsciente de l'espace privé de quelqu'un peut déclencher une réponse instinctive forte et créer de réels obstacles.

Cela semble très théâtral, n'est-ce pas ? Dans un bureau à l'ambiance survoltée, votre corps passe probablement par tout ou partie de ces cycles une douzaine de fois par jour. Les gens ignorent constamment les réponses et les signaux du corps ; ils s'approchent trop près de nous ou au contraire, s'éloignent trop lorsque nous avons besoin qu'ils nous entendent ou nous voient.

En bref...

NEUTRALISEZ LE RÉFLEXE DE SURVIE DE FUITE OU DE COMBAT

Encouragez les autres à porter des jugements instantanés favorables à votre sujet. Créez une ambiance réceptive et des attentes positives.

• Soyez conscient de votre langage corporel et de votre aspect général. Nous sommes attiré par les gens qui semblent en pleine forme et pleins de vie. L'attitude, le maintien, l'expression du visage et le contact par le regard ont une influence sur l'énergie que vous dégagez. Trouvez un style qui inspire confiance : mélangez autorité et accessibilité.

• Avant de vous approcher de qui que ce soit, adaptez votre comportement à la situation.

• Pratiquez un langage corporel ouvert et dévoilez un cœur généreux : souriez, regardez l'autre dans les yeux, tournez votre cœur vers le sien et laissez-lui voir que vous ne cachez rien dans vos mains, c'est-à-dire que vous ne présentez aucune menace.

• Posez une question anodine : « *Veuillez m'excuser, puis-je vous poser une question ?* », « *Comment savez-vous... ?* », « *Que pensez-vous de... ?* »

• Synchronisez votre langage corporel et le ton de votre voix. Si vous êtes en contact avec un petit groupe de personnes, faites-le avec chacune d'entre elles quand vous leur faites face.

Les idées préconçues

Ne pas porter de jugements instantanés sur les gens est impossible mais nous pouvons apprendre à dépasser ce que nous voyons. Ne vous laissez pas emporter par l'impression que dégage une personne d'après son apparence physique ou ses paroles ; oubliez aussi les anciennes impressions. Souvenez-vous de ce que vous voulez et concentrez-vous sur le résultat.

L'espace privé

Respectez l'espace de chacun. S'approcher trop près d'une personne peut déclencher son réflexe de survie. Les intrusions ne favorisent pas les rapports, surtout si elles se font par surprise.

Chapitre 3
Travaillez le B.A.-BA : attitude, langage corporel et synchronisation

L'année dernière, j'ai visité près de trente villes lors d'un voyage de six semaines épuisant mais passionnant. Un jour, en début d'après-midi, je suis arrivé dans une ville que je ne connaissais pas. Je suis passé au comptoir des informations de l'aéroport pour demander un renseignement. La personne derrière le comptoir grommela une réponse et pointa son doigt pour m'indiquer la direction. Aucun contact visuel, aucune courtoisie, rien. Quel mauvais début pour une ville si connue !

Le jour suivant, je m'envolai pour Saint-Louis. Avant l'ouverture des portes de l'avion, je regardai par le hublot et vis que les bagagistes avaient déjà positionné leur tapis roulant au niveau de la soute avant. Les bagages commençaient à sortir de l'avion et l'un des bagagistes dansait jusqu'au chariot avec chaque valise qu'il saisissait. C'était superbe ! Il avait l'air de passer un sacré bon moment (en fait, il dansait peut-être pour se réchauffer car c'était l'hiver). Voir ce spectacle me disposa favorablement vis-à-vis de cette ville. « *C'est génial* », me dis-je « *J'aime déjà cet endroit.* »

72 / *Les nouvelles règles*

À quoi ma réaction était-elle due ? Je ne connaissais pas ce type ; je ne l'avais jamais vu et ne le reverrai sans doute jamais. Mais quelque chose chez cet inconnu – qui ignorait jusqu'à mon existence – m'avait touché.

C'est son *attitude* qui m'avait touché. Les attitudes influencent le comportement. Avant même que vous n'ayez dit un mot, elles peuvent contaminer les gens qui vous voient et leur transmettre votre propre comportement. L'attitude est contagieuse, tout comme le rire, les larmes et les bâillements. D'une façon ou d'une autre, simplement en le regardant, j'avais été contaminé par l'attitude de cet homme et cela m'avait rendu heureux, sans réfléchir.

EXERCICE

L'ATTITUDE INFLUENCE LE COMPORTEMENT

Le but de cet exercice est de vous aider à adopter la bonne attitude. Prenez quelques minutes pour mettre de côté votre réserve et vous préparer à un voyage imaginaire dans les couloirs de votre bureau. N'ayez pas peur, je ne vais pas vous demander de vous ridiculiser : 99 % de l'exercice se passe à l'intérieur de votre tête et vous semblerez tout à fait normal à vos collègues. Vous devez extérioriser le comportement que je vais vous demander d'adopter juste assez pour vous rappeler ce qui se passe.

- Un matin, imaginez que vous êtes un hippopotame. Adoptez la démarche lente et le regard décidé de l'hippopotame, bref mettez-vous dans la peau d'un hippopotame, imitez son attitude. Vous êtes prêt ? Maintenant, faites un tour dans les bureaux et saluez les gens que vous croisez. Notez ce que vous ressentez.

- Le jour suivant, mettez-vous dans la peau d'un kangourou en sautillant ici et là avec entrain. Adoptez l'attitude du kangourou et saluez ainsi quelques collègues. Notez ce que vous ressentez. Est-ce différent de votre expérience d'hippopotame ?
- Enfin, en vous dirigeant vers votre bureau, imaginez que vous êtes une panthère, racée, ondulante, infiniment alerte et confiante.

Avez-vous noté des différences dans la façon dont les gens vous répondaient ? Dégagiez-vous un type d'énergie différent ? Les gens vous ont-ils semblé plus énergiques lorsque vous étiez un kangourou ? Vous parlaient-ils plus lentement quand vous étiez un hippopotame ? Paraissaient-ils un peu méfiants, voire craintifs, face à la panthère ?

Le b.a.-ba de la communication silencieuse : attitude, langage corporel et harmonie

Lors d'un face-à-face, votre interlocuteur commence avant toute chose par adopter votre attitude. Tout comme vous pouvez influencer la façon dont les autres répondront à votre communication silencieuse, vous pouvez contrôler et adapter votre attitude, *si vous le voulez*. Les clefs pour diffuser votre attitude sont le langage corporel et la synchronie (vous exprimez la même chose par vos différents canaux d'expression).

Votre esprit et votre corps forment un seul et même système – modifiez l'un d'eux et l'autre suivra. Tirez la langue tout en mettant les mains de chaque côté du visage et agitez les doigts comme le font les enfants. Essayez en même temps de vous sentir désespéré. Vous n'y arrivez pas car votre corps ne vous le permet pas. Gesticulez sur un trampoline lors d'un barbecue chez vos voisins et tâchez d'être sérieux. C'est impossible : votre corps vous en empêche. Ces exemples sont des simplifications exagérées de l'interaction corps-esprit, mais ils permettent de comprendre l'idée.

Avant d'ouvrir la bouche

Allumez la télévision et branchez-vous sur l'émission de Sébastien Cauet. Coupez le son. Faites comme si vous n'aviez jamais vu cette émission. Maintenant, dites-moi, ce type est-il drôle ? Vous avez ri, n'est-ce pas ? Du moins, je parie que vous avez souri.

Pourquoi cela ? Comment est-ce possible ? La toute première impression donnée par ce présentateur tient à un langage corporel délibérément espiègle. Comme nous avons une tendance intrinsèque à copier les attitudes de notre entourage, nous nous sentons dans le même esprit que le présentateur même si le son est coupé. Son langage corporel est la conséquence de son attitude mentale, de sa disposition à agir d'une certaine façon. Il décide consciemment de se comporter comme il le fait. Grâce à cela, son corps diffuse un message que tous comprennent. Ce n'est pas un hasard. Il choisit son attitude – il se met dans l'ambiance – avant de poursuivre.

Tout le monde peut le faire s'il le souhaite. Peut-être vous êtes-vous déjà approché de deux collègues et avez-vous réalisé, trop tard, qu'ils étaient en plein règlement de comptes. Vous dites bonjour. Ils vous regardent en prétendant que tout est normal et sourient en vous disant : « *Tiens, comment ça va ?* » Ils discutent plaisamment avec vous quelques minutes et dès que vous avez tourné les talons, ils reprennent leur dispute.

Il y a deux sortes d'attitudes : les attitudes utiles qui attirent les autres et, celles qui inutiles, les repoussent. Par exemple, les adjectifs « *chaleureux* », « *espiègle* » et « *patient* » sont des qualificatifs qui appartiennent au premier groupe ; les adjectifs « *énervé* », « *impatient* » et « *cynique* » sont eux typiques du second.

Travaillez le b.a.-ba / 75

Jetez un œil au tableau synthétique des comportements ci-dessous. Pour trouver l'humeur qui favorise l'établissement d'une relation d'affaires en moins de 2 minutes, vous devrez choisir parmi les attitudes utiles celle qui vous convient.

Synthèse des comportements

Comportements très utiles	Comportements absolument inutiles
Chaleureux	Énervé
Enthousiaste	Sarcastique
Confiant	Impatient
Attentif	Blasé
Détendu	Irrespectueux
Aimable	Arrogant
Curieux	Pessimiste
Inventif	Inquiet
Tranquille	Grossier
Serviable	Suspicieux
Engageant	Vindicatif
Décontracté	Apeuré
Patient	Vaniteux
Accueillant	Moqueur
Joyeux	Gêné
Méprisant	Intéressé
Courageux	Abattu

Examinez ce tableau et lisez la colonne de gauche. Laissez-vous aller aux attitudes qui vous plaisent. Pour ce faire, fermez les yeux et songez à un *moment spécifique* durant lequel vous les avez ressenties. Observez le tableau jusqu'à ce que vous repériez une attitude qui vous convient. Quand vous l'avez trouvée, fermez encore les yeux et revivez ce que vous avez vu, entendu et ressenti à ce moment-là, de façon aussi détaillée que possible (vous pouvez y ajouter le goût et l'odeur, si nécessaire). N'oubliez pas d'évoquer les images, les sons et les sensations physiques de ce moment précis. Le cerveau stocke très bien les sensations passées et permet facilement de les revisiter et de les revivre. Drapez-vous dans cette attitude. Puis, faites l'exercice du sourire (« *super, super, super* ») de la page 32 et combinez-le avec celui-ci. Fermez à nouveau les yeux, réactivez vos sens une fois encore et, quand les images deviennent grandes et colorées, les sons clairs et précis, et que vous pouvez ressentir les émotions physiques, dites d'une voix forte, en vous laissant aller : « *super, super, super* ». Vous devriez alors avoir les mêmes sensations que si vous aviez réellement adopté une attitude utile.

Adaptez votre attitude

Les attitudes sont bien réelles et peuvent être consciemment choisies. Nous expérimentons nos émotions à travers nos attitudes.

Considérons une personne qui va devoir trouver la bonne attitude pour avoir une chance d'atteindre son objectif. Érin occupe un poste de chef d'équipe au sein du département informatique de sa société. Son équipe n'a pas le moral. Au cours des trois derniers mois, on a exigé d'elle de plus en plus de productivité, avec de moins en moins de moyens. Aujourd'hui, Érin a encore de mauvaises nouvelles à annoncer à ses collaborateurs : la société leur demande de nouveaux efforts. Il leur faut mettre un nouveau système en ligne, sans augmentation de leur effectif.

EXERCICE

TROIS JEUX POUR ADAPTER SON ATTITUDE

Voici trois jeux qui vont vraiment vous faire comprendre qu'une attitude utile fait toute la différence.
- ***Conversation avec un miroir***

Les enfants apprennent à faire semblant dans leurs jeux. Mais les adultes oublient cet outil d'apprentissage social et cognitif si profitable. Fort heureusement, nous pouvons toujours y avoir recours, et nous sommes même très bons à ce jeu.

Essayez ce qui suit. Placez-vous devant un miroir et dites : « *Tu m'énerves.* »

Maintenant, en y mettant tout le langage corporel dont vous êtes capable et un ton de voix approprié à chaque cas, redites la même phrase en prétendant être :

1. Énervé	**2.** Courageux	**3.** Heureux
4. Humble	**5.** Calme	

Vous employez les mêmes mots mais votre attitude leur donne des significations totalement différentes. Qu'avez-vous vu, entendu, ressenti ? Maintenant refaites l'exercice en disant : « *Maintenant, je rentre à la maison.* »

Procédez à une nouvelle évaluation. Avez-vous remarqué un changement dans votre corps selon les attitudes concernées ? Avez-vous noté que le ton de votre voix s'est modifié à chaque changement d'attitude ? Lorsque vous adaptez votre attitude en présence d'autres personnes, celles-ci expérimentent vos propres sensations. Dès lors, vous mettre en colère ou montrer de l'impatience alors que vous voulez faire bonne impression n'a aucun sens. Il est plus judicieux de faire preuve d'enthousiasme ou de chaleur, n'est-ce pas ?

- **Le langage du corps**

Prenez note, ou mieux, rappelez-vous ces cinq attitudes : *énervée, courageuse, heureuse, humble, calme*. Quand vous avez un moment, en marchant dans un couloir, dans un centre commercial ou une rue, revivez ces cinq attitudes dans votre corps et vos émotions. Commencez par la colère : marchez, pensez, respirez, parlez-vous comme si vous étiez énervé. Après quelques mètres, passez rapidement de la colère au courage. Puis du courage au bonheur, du bonheur à l'humilité et de l'humilité au calme. Les changements peuvent intervenir tous les cinq bureaux, tous les quatre magasins, ou au passage d'un pâté de maisons à un autre, peu importe.

Notez comment votre changement d'attitude affecte votre maintien, votre respiration, vos pensées, vos expressions faciales, votre rythme cardiaque, votre vitesse, votre démarche, etc. Notez comment les passants vous répondent. Si vous vous sentez un peu bizarre lors de cet exercice, c'est normal. Mais si les agents de sécurité du centre commercial vous jettent dehors, c'est que vous avez vraisemblablement poussé l'exercice un peu loin !

- **Battant ou perdant**

Prenez 25 minutes. Pendant les premières cinq minutes, agissez comme un battant : projetez la poitrine en avant, ayez un port altier et respirez paisiblement avec le ventre : imaginez la foule vous acclamant, alors que vous lui souriez. Dans les cinq minutes qui suivent, agissez comme un perdant : épaules tombantes, idées sombres, regard abattu et sentiment d'insécurité. Puis, prenez encore cinq minutes à penser comme un battant, et encore cinq autres minutes à vous imaginer en perdant. Enfin, consacrez les cinq dernières minutes à agir en battant. Quelle attitude avez-vous préféré ? Connaître les deux états est un plus, mais, bien entendu, dans la vie professionnelle, il est préférable d'adopter l'attitude du battant.

Érin se sent vraiment découragée et ce sentiment se lit sur son visage. Elle sait que si elle entre en réunion avec cette expression, les choses vont aller de mal en pis. Elle sait aussi qu'il est difficile de cacher ses sentiments : elle doit donc changer ce qu'elle ressent. Elle doit troquer son attitude véritablement inutile de *découragement* pour une attitude utile, mais laquelle, et comment ? Quelle attitude devra-t-elle montrer en entrant dans la salle de réunion pour que son équipe, non seulement relève ce nouveau défi, mais aille encore plus loin ? Et comment va-t-elle y parvenir avant d'entrer dans la salle ?

Même si vous êtes découragé et que vous avez l'impression que c'est la fin du monde, vous pouvez passer d'une attitude inutile à une attitude utile.

Érin a déjà connu cet état de découragement il y a deux ans, quand elle était sans emploi et commençait à douter d'elle-même. Une après-midi, alors qu'elle zappait devant la télévision, elle s'arrêta sur un programme appelé *Le secret des femmes de talent*. Plusieurs femmes célèbres, au succès avéré, y discutaient de la manière dont elles avaient su éviter un à un les obstacles, ce qui leur avait permis de garder courage. Quelque chose dans leur attitude courageuse l'interpella et l'inspira. Érin, dotée d'une énergie nouvelle, se retrouva ainsi à courir les entretiens d'embauche et les réunions, le dos droit et le sourire aux lèvres. Peu après, elle obtint le poste qu'elle occupe aujourd'hui. Maintenant, il lui fallait, une fois encore, en appeler à sa vieille amie, une attitude dénommée *courage*.

Érin était venue à l'un de mes séminaires et se rappelait quelques-unes des techniques pour adopter une attitude appropriée à son but. En conséquence, elle ferma sa porte et s'assit. Les yeux clos, elle se remémora tranquillement un moment particulier du passé encore récent où elle débordait de courage. Elle revécut cet instant en le voyant avec ses yeux, en l'entendant avec ses oreilles et en le ressentant dans tout son corps. Puis, en esprit, Érin se vit, s'entendit et se ressentit en pleine action, au meilleur d'elle-même. « Si j'en étais capable à cette époque », pensa-t-elle, « je sais que je peux le refaire aujourd'hui ». Toujours assise, les yeux clos, imprégnée de ce qu'elle voyait clairement et entendait précisément, avec un sentiment de courage parcourant tout son corps, elle se dit : « *super, super, super* ». Alors, elle se sentit et parut courageuse et enthousiaste, comme avant.

Dans le couloir qui la menait à la salle de réunion, Érin répéta « *super* » tant de fois et de façon si déchaînée qu'elle avait envie de le crier de toutes ses forces, afin que tous se sentent aussi puissant qu'elle. Elle entra dans la pièce en conquérante. Elle ressemblait à un meneur et parla comme un meneur. Son équipe fut contaminée par son attitude et accomplit la mission dont elle était chargée.

TROIS ATTITUDES VÉRITABLEMENT UTILES

Les leaders qui réussissent partagent trois attitudes réellement utiles : l'enthousiasme, la curiosité et l'humilité. Ces trois attitudes habilement combinées génèrent une présence irrésistible.

- **Soyez enthousiaste.** L'enthousiasme hypnotise, attire et ne connaît pas d'obstacle. Il est impossible de l'acheter mais il est possible de le révéler. Il gagne les autres en leur transmettant de l'excitation, de l'énergie et de la vitalité. Le terme « enthousiasme » vient du grec et signifie littéralement « transport divin ».
- **Restez curieux.** Montrez-moi un homme d'affaires curieux d'en savoir plus sur ce qui se passe autour de lui et

je verrai quelqu'un qui évolue, va de l'avant, établit des relations. Soyez toujours ouvert à votre curiosité naturelle.
- **Choyez l'humilité.** La plupart des gens qui réussissent ont un ego développé et sont doués pour l'autopromotion. Pourtant, ils parviennent à se contenir et à montrer une personnalité soucieuse de modestie et au service des autres. Une personne dont l'ego important se drape généreusement dans l'humilité est généralement très sympathique. Celle dont l'ego n'est pas tempéré par la modestie est arrogante et déplaisante.

Songez à un grand leader que vous admirez et vous découvrirez que ces trois attitudes sont au centre de son succès. L'enthousiasme, la curiosité et l'humilité peuvent être des comportements consciemment choisis. Ils peuvent vous doter de signes de vigueur et d'ouverture infaillibles.

Comprenez le langage de votre corps

De très nombreux livres ont paru sur la question du langage du corps, mais, en fin de compte, on peut résumer leur contenu à deux paramètres essentiels : quels signaux adressez-vous aux autres, et quelle réponse émotionnelle renvoyez-vous en réplique à leurs propres signaux ? Le langage corporel représente plus de la moitié des facteurs auxquels nous réagissons et sur lesquels nous nous basons pour déterminer le moment d'établir le contact avec l'autre. Or, la majorité d'entre nous n'est pas consciente de son langage corporel. En en prenant conscience, vous avez déjà fait la moitié du chemin.

Ouvert ou fermé ?

Le langage corporel peut globalement se scinder en deux types : ouvert et fermé. Un langage corporel ouvert dévoile le cœur et donne un signal de bienvenue, tandis qu'un langage corporel fermé protège le cœur et suggère la réserve, voire la distance. En d'autres termes, le message que vous envoyez signifie soit : « *Bienvenue, je suis ouvert à vos propositions* », soit : « *Allez-vous en, le guichet est fermé.* » Vous montrez que vous constituez une opportunité ou une menace, que vous êtes un ami ou un ennemi, une personnalité assurée ou mal à l'aise, un individu digne de foi ou un menteur. J'ai débuté ce chapitre par une section sur l'attitude parce que, lorsque vous parvenez à adopter une attitude véritablement utile, votre langage corporel tend à s'autogérer. Des attitudes telles que l'enthousiasme, la curiosité et l'humilité entraînent d'infaillibles signaux d'ouverture. Quoi qu'il en soit, vous pouvez consciemment prendre certaines mesures pour montrer le meilleur de vous-même.

ÊTRE OUVERT À TOUTE PROPOSITION

Si vous souhaitez montrer que vous êtes ouvert à toute proposition d'affaires, que vous êtes un ami et non un ennemi sans pourtant dire un mot, vous devez vous ouvrir au monde dès les premières secondes de toute rencontre. Un langage corporel ouvert – allié à des expressions faciales traduisant cette ouverture – implique de décroiser les bras et les jambes, de se sentir à l'aise face à votre interlocuteur, d'établir un bon contact par le regard, de sourire, de vous tenir bien droit, de vous pencher légèrement en avant, de relacher vos épaules et, plus généralement, de dégager une impression de détente. Un langage corporel ouvert utilise sans réserve les mains, les bras, les jambes et les pieds.

SE CONTENIR ET TENIR LES AUTRES À DISTANCE

Comme vous pouvez l'imaginer, un corps et un langage facial fermés sont à l'opposé de ce qui précède. Si votre cœur est ailleurs, vos bras et jambes croisés de façon défensive, vos mains dissimulées, vos poings serrés, votre regard fuyant, et que vous bougez nerveusement en donnant l'impression de vouloir être ailleurs, vous envoyez des signaux indiquant la gêne, le rejet ou l'appréhension. Un langage corporel fermé traduit un usage contraint et embarrassé de ses membres.

Je dois toutefois préciser que des gestes isolés, tout comme des mots isolés, ne signifient pas grand-chose. C'est leur combinaison qui commence à donner une indication sur les sentiments d'une personne.

 Exercice

De cœur à cœur

Pendant toute une journée, orientez votre cœur vers le cœur de chaque personne que vous rencontrez. Cette posture indique un langage corporel ouvert et génère confiance et aisance. Vous réussirez ainsi haut la main le test de la question qui vous sera posée instinctivement : « *Ami ou ennemi ?* », « *Opportunité ou menace ?* ».

Synchroniser les langages corporels

Lorsque nous sommes en relation avec d'autres personnes, nous présentons une caractéristique intéressante : nous synchronisons inconsciemment notre langage corporel et nos intonations. F. X. Muldoon disait vrai : des connexions étonnantes peuvent être générées par une synchronisation délibérée de deux corps. Notre réponse à cette synchronisation caractérise notre prédisposition à reproduire un comportement. C'est ancré dans le cerveau humain.

J'ai mentionné ce phénomène dans mon premier livre et, lors d'une émission radiophonique à laquelle j'avais été invité pour en parler, l'animatrice me dit : « *J'ai lu votre livre durant le week-end. Dimanche soir, mon mari m'a invitée à dîner, et j'ai décidé de tester votre exercice de synchronisation avec une personne du restaurant, pour voir ce qui se passerait. J'étais un peu sceptique.* »

Elle poursuivit en expliquant qu'elle avait avisé un couple un peu plus âgé, trois tables plus loin. La femme était plus ou moins tournée vers elle, mais leurs yeux ne se croisèrent jamais.

« *Pendant vingt minutes environ, je me suis doucement mise en harmonie avec son langage corporel et sa tenue générale. Quand elle bougeait, je bougeais ; quand elle changeait le coude sur lequel elle s'appuyait, je faisais de même. Je fis tout cela sans jamais la regarder directement. Et une chose incroyable arriva. Cette femme se leva de table et se dirigea vers moi. "Excusez-moi"*, dit-elle, *"je suis sûre que nous nous connaissons", J'étais stupéfaite.* »

Cette animatrice avait appris à devenir un caméléon, afin d'agir sur les sentiments et le comportement d'une autre (d'établir un contact) sans jamais dire un seul mot. Imaginez l'efficacité à laquelle vous pouvez prétendre, lors d'un face-à-face avec des clients ou des collègues, des amis ou des inconnus, si vous utilisez tous les outils dont vous disposez pour créer une relation.

Lors d'un de mes séminaires, à l'issue des exercices de synchronisation, un jeune homme demanda s'il pouvait partager une histoire avec la centaine de personnes présentes. Alors qu'il semblait plein d'énergie quelques minutes auparavant, il devint soudain très sérieux. Tous les regards étaient braqués vers lui. Il s'assit sur le rebord de la fenêtre et commença : « *Je viens du Brésil. Un jour, il y a environ trois ans, en rentrant à la maison, j'ai trouvé ma sœur assise avec un pistolet dans la bouche. J'étais terrifié et je ne savais que faire.* »

Tout en racontant son histoire, il respirait lentement, les yeux dans le vague.

« *Nous avions toujours eu des armes à feu à la maison. Je ne sais pas pourquoi, je suis allé chercher un pistolet et je me suis assis à côté de ma sœur. Je me tenais exactement comme elle, comme ceci.* » Il nous montra : les genoux joints, les coudes sur les cuisses, une main près de la bouche et l'autre serrée autour du poignet opposé. « *Je tenais le pistolet dans cette main.* » Il referma la main près de sa bouche. « *J'ai adopté la même position qu'elle et mis le pistolet dans ma bouche. Je me sentais atrocement mal ; j'avais envie de vomir. Je ne m'étais jamais senti aussi mal de toute ma vie. Je crois que je sais exactement ce qu'elle ressentait.* » Le fait qu'il nous raconte cette histoire était très émouvant. « *Je ne sais pas combien de temps nous sommes restés ainsi, à partager le drame qu'elle vivait.* »

« *Puis, le poids s'est allégé. J'ai lentement retiré le pistolet de ma bouche, juste quelques centimètres. Après un temps qui me sembla une éternité, je sentis que ma sœur faisait le même geste. J'attendis et éloignai le pistolet de mon visage ; de même, au bout de très longues minutes, ma sœur m'imita. Des larmes coulaient sur mes joues. Durant tout ce temps, je ne l'avais pas regardée car nous étions assis côte à côte, mais je savais qu'elle devait pleurer aussi.* » Ses yeux retrouvèrent leur vivacité et il sembla heureux. « *Finalement, je mis le pistolet sur le sol devant moi ; ma sœur fit de même. Je ne sais pas pourquoi j'ai fait cela, mais je ne trouvais rien à lui dire. Je savais seulement qu'il fallait que je fasse quelque chose.* »

Je serai éternellement reconnaissant à ce courageux jeune homme d'avoir partagé son histoire avec nous. C'est une illustration admirable de la façon dont l'harmonie et le langage du corps peuvent être plus puissants que des mots.

EXERCICE

SYNCHRONISEZ VOTRE LANGAGE CORPOREL AVEC CELUI DE VOS INTERLOCUTEURS

Pendant une journée entière, mettez votre langage corporel général en harmonie avec celui des personnes que vous rencontrez. C'est la manière la plus rapide de créer de la confiance et de la communication. N'en faites pas trop mais juste ce qu'il faut pour vous adapter à ces personnes.

Nous synchronisons naturellement nos intonations et notre langage corporel avec ceux de nos amis et des gens auxquels nous faisons confiance. Vous pouvez effectuer cet exercice avec n'importe qui.

Stop et encore

Quand vous maîtriserez cet exercice – un jour devrait suffire – pratiquez la synchronisation pendant trente secondes, puis arrêtez-vous pendant trente autres secondes, et recommencez la synchronisation pour une durée identique. Renouvelez cette expérience plusieurs fois.

Notez la différence. Avez-vous l'impression qu'un mur s'élève alors même que vous sentez la confiance disparaître ? Alors, recommencez la synchronisation et sentez le soulagement qu'elle procure.

Synchroniser les intonations

Comme nous venons de le voir, le simple fait de synchroniser notre langage corporel change énormément notre capacité à établir un contact avec les autres. Cela permet d'envoyer un message : « *Je suis avec vous. Je suis en phase avec vous en ce moment.* » Maintenant, allons encore un peu plus loin en synchronisant nos intonations. La mise en harmonie de deux voix crée un rapport inconscient, non seulement

Travaillez le b.a.-ba / 87

lors d'un face-à-face, mais aussi dans des communications exclusivement vocales telles qu'une conversation téléphonique. Mettez-vous en phase avec l'humeur, l'énergie et le rythme de l'autre. Les intonations dépendent de la vitesse, de l'amplitude, du ton et du volume de la voix.

Pour résumer, rien n'énerve plus quelqu'un qui parle vite que quelqu'un qui parle lentement. Rien ne fait plus sortir de ses gonds un individu parlant d'une voix douce qu'un individu claironnant, et rien ne fait plus grincer des dents une personne usant d'une voix posée qu'une personne braillant d'une voix geignarde. Si vous synchronisez votre langage corporel, votre attitude et votre ton de voix avec ceux d'une autre personne, ses sentiments vous deviendront familiers. Vous finirez par vous sentir comme elle !

Exercice

Synchronisez votre voix

Pendant toute une journée, amusez-vous à reproduire le volume, la vitesse, le ton et l'amplitude (les hauts et les bas) de la voix des gens que vous rencontrez. N'en faites pas trop mais juste ce qu'il faut pour vous adapter à eux.

L'importance de l'harmonie

Lorsque votre langage corporel, vos intonations et vos paroles disent tous la même chose, votre attitude est cohérente ; cela s'appelle *l'harmonie* et cela signifie principalement que vous êtes crédible. Revenons un instant à l'émission de Sébastien Cauet. Si ce présentateur disait un jour au public :

« *On va vraiment bien s'amuser ce soir!* » alors que son corps et l'expression de son visage exprimaient la colère, personne ne le croirait. Le langage corporel dope à la fois le ton de notre voix et les mots que nous prononçons.

Allez vers quelqu'un que vous connaissez et dites-lui : « *Je passe un excellent moment* » tout en bougeant la tête de droite à gauche, comme pour dire non. Croira-t-il vos paroles ou se basera-t-il sur vos gestes pour se forger une opinion ? Maintenant, dites la même chose d'un ton irrité : vous croira-t-il ? Bien sûr que non. Le ton de votre voix traduit vos sentiments véritables.

En 1967, à l'université de Californie à Los Angeles, le docteur Albert Mehrabian a publié un article intitulé *Décodage de la communication inconsciente*. Dans ce papier, il exposait que dans les face-à-face, nous répondons pour 55 % aux signaux visuels ; pour 38 % au ton de l'échange ; et seulement pour 7 % aux mots qui sont effectivement prononcés. En d'autres termes, les gens accordent foi en premier lieu à ce qu'ils voient (vos gestes et votre langage corporel), puis à votre intonation, et enfin, à vos paroles. Lorsque les trois « V » : le visuel, le vocal et le verbal, disent la même chose, nous pouvons parler de « congruence » ou d'harmonie.

Tout récemment, alors que j'étais dans la salle de conférence d'une société nationale de média, en train de donner à plusieurs managers expérimentés un cours accéléré, le vice-président de la production, Terry, me dit : « *Je connais toutes les théories relatives à la prise de contact avec les gens, mais je n'arrive à rien.* ». Il m'expliqua qu'il avait des ambitions élevées au sein de la société, mais n'avait pas été promu depuis quelque temps. « *Les gens m'écoutent mais je n'arrive à tisser aucun lien.* ». Le problème de Terry, du moins une part importante de celui-ci, m'apparut évident dès ces premières secondes.

Il était assis devant moi, les coudes sur la table et les mains jointes, comme en prière, mais le bout de ses doigts tapotait incessamment ses lèvres, alors même qu'il me parlait. Sa voix me parvenait par saccades, tandis que ses yeux parcouraient la salle, comme pour chercher des idées et des mots. Le corps de Terry indiquait la nervosité et l'impatience. Mon propre corps sentait ce que le sien exprimait, ce qui me mit dans le même état. J'appris qu'il présentait continuellement ces signes d'impatience, aussi les gens qui avaient besoin d'avoir son avis commençaient-ils en général leur phrase par : « *Cela te prendra deux secondes* » ou « *Je ne vais pas te retenir très longtemps* ».

Si vos paroles ne disent pas la même chose que votre corps, les gens sont perdus et ne vous écoutent plus.

Mais le plus incroyable est que, alors même que ses interlocuteurs pensaient que Terry était d'une impatience confinant parfois à la grossièreté, lui-même pensait dégager enthousiasme et énergie.

Terry était très loin de l'harmonie : il envoyait des messages confus. Ses capacités à établir un contact et à transmettre ses messages, pourtant fort bien intentionnés, étaient en perdition, tout comme ses chances de promotion.

Fort heureusement, son problème était facile à résoudre. Tout d'abord, je lui ai montré comment faire passer sa respiration de sa poitrine à son ventre, c'est-à-dire, comment le faire passer de sa respiration habituelle, angoissée et de type « fuite ou combat », à une respiration plus apaisée et recentrée, telle qu'elle est pratiquée dans les arts martiaux ou par les orateurs et musiciens professionnels. Elle est décrite pages 237-238.

Ensuite, nous avons fait un point sur le ton de sa voix. J'ai choisi quatre attitudes : énervée, surprise, inquiète et amicale. Je lui ai alors montré une liste de quatre phrases : « *Nous devons prendre des mesures.* », « *J'ai faim.* » « *Que s'est-il passé à la dernière réunion ?* » et, enfin, la date du jour : « *Le quatorze août.* »

Je lui ai demandé de choisir une attitude et de dire l'une des phrases ci-dessus. Ma mission consistait à deviner quelle était l'attitude qu'il avait retenue. Tout d'abord, je me trompai systématiquement. Quand il pensait donner l'impression de la surprise, je croyais qu'il était énervé ; quand il pensait être amical, il me semblait inquiet.

Puis, nous avons inversé les rôles. Curieusement, il réussissait très bien à me décrypter. Nous avons une fois encore échangé nos rôles et je lui ai demandé de faire une pause, de fermer les yeux un moment et d'être attentif à sa respiration. Je l'ai également incité à se remémorer une époque durant laquelle il avait ressenti l'émotion qu'il cherchait à exprimer, puis à dire : « *Bingo, ça marche.* » La personnalité professionnelle de Terry avait interféré avec ses émotions. Plus sa respiration s'apaisait, mieux sa voix exprimait ses sentiments réels.

Il est important d'avoir à l'esprit que pour être persuasif, vous devez d'abord donner l'impression d'être crédible. Lorsque vous n'êtes pas en harmonie, les gens deviennent suspicieux parce qu'ils ont l'impression que vous ne dites pas ce que vous pensez. Une fois l'harmonie maîtrisée, les problèmes relationnels de Terry firent partie du passé.

Donnez de l'information et vous en recevrez

Le problème de Terry était le décalage entre la diffusion et la réception d'informations. Le retour d'informations ou *feedback* régule et contrôle l'essentiel d'une communication en face-à-face ; cet élément influe sur les rythmes vitaux de notre corps, notre équilibre émotionnel et notre santé physique et mentale. Il est impossible de survivre sans retour d'informations de la part de notre entourage.

Avez-vous vu le film *Seul au Monde* avec Tom Hanks ? Le héros, seul sur une île déserte, doit sa survie psychologique et émotionnelle à une seule chose : il invente une personne à laquelle il peut parler et qui lui répond. Il transforme un ballon de volley en tête humaine, il le baptise Wilson et lui attribue une personnalité. Wilson devient son meilleur ami. Il lui parle, partage avec lui ses émotions et lui demande conseil. Tom et Wilson ont une relation émotionnelle très profonde. Wilson lui permet de préserver sa santé mentale. Si vous n'avez pas vu le film, cette histoire peut vous sembler un peu bizarre, mais elle traduit le fait que sans retour d'informations de la part de notre entourage, nos rythmes corporels deviennent chaotiques et nous nous sentons mal à l'aise.

Personne n'aime parler à un mur. Répondez aux autres et vos contacts s'amélioreront.

Quand vous établissez un contact avec d'autres individus, les informations qu'ils vous renvoient déterminent la qualité de la rencontre. Imaginez que vous jouiez au tennis avec vous-même. Si la balle que vous envoyez par-dessus le filet ne revient pas, vous devrez en renvoyer une autre, et une autre, et une autre. En peu de temps, vous en aurez assez.

Les gens qui ne renvoient pas d'informations paraissent ennuyeux et déconcertants. Ils donnent l'impression d'être très satisfaits d'eux-mêmes et semblent n'avoir besoin de personne. Une relation est un arrangement à deux dont les participants s'encouragent mutuellement. Si vous avez l'air intéressé et que vous agissez comme tel, je suppose que vous êtes intéressé. Si vous ne réagissez pas ou ne répondez pas, j'imagine que ce que je dis ne vous intéresse pas et je n'ai qu'une idée : m'en aller. Utilisez votre corps et votre visage pour montrer votre intérêt. Penchez-vous vers l'avant ou de côté, asseyez-vous sur le bord de votre siège, souriez, froncez les sourcils, haussez les épaules, agitez les mains, hochez la tête, riez, pleurez... *répondez*! Quand vous discutez avec votre patron, un client ou un collègue, renvoyez de l'information. De nombreux employés me disent qu'ils sont frustrés parce que leur supérieur ne leur donne pas de retour d'informations.

Observez comment les autres renvoient l'information ; prêtez spécialement attention à ceux que vous admirez. Recherchez les retours d'informations contre-productifs, c'est-à-dire ceux qui brisent une relation. Entraînez-vous à retourner l'information de façon aussi subtile que possible, mais néanmoins identifiable. Notez la manière dont les gens en prennent acte.

Je demande aux gens participant à mes cours de remplir un formulaire et de m'indiquer qu'ils ont fini, sans prononcer un mot, afin de m'assurer que j'ai bien reçu leur message. Vous seriez surpris par la variété des réponses que j'obtiens, depuis le signe de la main au clin d'œil, en passant par le réajustement des lunettes, le doigt sur le nez, le sourire éclatant ou le plissement d'yeux imperceptible. En général, plus vous êtes subtil, plus grande sera l'intimité que vous parviendrez à établir. Lors des ventes publiques, certains acheteurs font leurs enchères d'un signe de la main plus ou moins ample, tandis que les enchérisseurs les plus aguerris font des gestes presque imperceptibles. La subtilité indique l'assurance.

Un bon retour d'informations signale à vos interlocuteurs que vous leur accordez votre attention, et que leur message ne vous est pas indifférent.

D'une manière plus générale, toute notre vie a trait au retour d'informations. Tout comportement est un retour d'informations et une réponse à un stimulus quelconque. Nous évoluons et avançons en identifiant ce que nous voulons, en agissant, en récupérant des informations et en les utilisant pour changer nos comportements jusqu'à ce que nos souhaits soient satisfaits. Mieux vous gérez ces informations, meilleure est votre qualité de vie.

Quand vous entrez en relation avec quelqu'un, qu'il s'agisse de travail ou de loisirs, votre but est de vous faire accepter dans son espace, et non d'en être exclu. En adaptant votre attitude, en ouvrant votre cœur, en synchronisant votre langage corporel, en vous plaçant dans l'harmonie et en donnant et renvoyant de l'information, vous apaiserez les instincts de survie de votre interlocuteur.

En bref...

L'ATTITUDE EST ESSENTIELLE

- L'attitude est contagieuse. C'est la première chose que les gens remarquent chez vous et elle influence votre entourage.

- L'attitude découle de votre langage corporel, du ton de votre voix et du choix de vos paroles. Si vous êtes enthousiaste, votre apparence, vos intonations et vos paroles doivent traduire ce sentiment.

- Il vous est possible de contrôler et d'adapter votre attitude *si vous le souhaitez*. Votre esprit et votre corps ne forment qu'un seul et même système : changez l'un, l'autre suivra.

- Apprenez à faire la différence entre les attitudes vraiment utiles, celles qui attirent les gens (être chaleureux, enthousiaste et confiant), et celles qui sont tout à fait inutiles et les éloignent (la colère, l'arrogance ou l'impatience).

LE LANGAGE CORPOREL

- Prenez conscience de ce que dit votre langage corporel parce qu'il représente plus de la moitié des éléments auxquels répondent les gens que vous rencontrez.

- Un langage corporel ouvert – les bras et jambes décroisés, un bon contact par le regard, un sourire, le corps un peu penché en avant – expose le cœur et est accueillant. Il indique que vous êtes ouvert à toute proposition.

- Un langage corporel fermé – les bras croisés en signe de défense, le regard fuyant, les mains dissimulées, la distance – protège le cœur et repousse les autres. Il signifie que vous refusez tout échange.

- Le fait d'orienter son cœur (en l'ayant préalablement dégagé d'obstacles tels que bras croisés ou piles de papier) vers celui de votre interlocuteur est une façon simple de lui montrer que vous êtes ouvert à ses propositions.

LA SYNCHRONISATION DU LANGAGE CORPOREL

Les gens qui se rencontrent synchronisent inconsciemment leurs langages corporels et leurs intonations. Si vous choisissez de le faire délibérément, cela peut déboucher sur d'incroyables contacts.

L'HARMONIE

Quand votre langage corporel, vos intonations et vos paroles sont à l'unisson, vous êtes en harmonie et donc paraissez crédible. Or, vous devez d'abord être crédible pour être persuasif. Si vos paroles contredisent votre langage corporel, vous entretenez la confusion et les gens s'éloignent.

Le retour d'informations

- Donnez des informations et répondez à celles que l'on vous envoie, tant verbalement que de façon silencieuse. Ayez l'air intéressé et agissez comme tel, penchez-vous en avant, asseyez-vous sur le bord de votre siège, souriez, haussez les épaules, riez.

- Le retour d'informations donne à une rencontre un but, une direction et de la profondeur. Lors d'une prise de contact, le retour d'informations détermine la qualité de l'entretien.

- Un retour d'informations bien fait donne aux gens l'impression que vous leur accordez de l'attention et que vous n'êtes pas indifférent à ce qu'ils vous racontent.

Chapitre 4
Parlez le langage du cerveau

Les bonnes intentions nous mettent parfois dans des situations inimaginables. Voici l'histoire d'un pilote de ligne avec lequel j'ai récemment voyagé : « *Bonjour Mesdames et Messieurs, ici le commandant de bord. Bienvenue à bord. Maintenant que nous avons atteint notre rythme de croisière, je peux vous annoncer que les prévisions météo ne sont pas mauvaises, de sorte qu'il ne devrait y avoir aucune secousse, et que si tout se passe normalement, nous ne devrions pas arriver en retard à Londres.* »

Bon sang ! Subitement, ma peur de l'avion fut activée. Jusqu'à présent, la journée avait été parfaite : j'avais gagné facilement l'aéroport, il n'y avait pas eu de longues files d'attente pour enregistrer, le personnel au sol avait été agréable et j'occupais un siège bien placé. Mais l'annonce du commandant de bord avait brutalement changé la tonalité de la journée ; un voyage difficile, du mauvais temps et un retard à l'arrivée – le pire cauchemar de ceux qui ont l'habitude de prendre l'avion. Et je n'étais pas le seul à avoir cette impression : beaucoup de passagers échangeaient des regards nerveux.

Notre pilote n'avait pas réussi à établir le contact avec ses passagers parce qu'il ne s'exprimait pas de façon positive et n'avait pas dit ce qu'il cherchait en fait à exprimer, à savoir :

« *Installez-vous confortablement et détendez-vous. Nous allons avoir un vol agréable et nous arriverons à l'heure.* ». Ce fut pourtant ce qui se passa en pratique. En ne s'exprimant pas de façon positive, le pilote avait fait jaillir un flot de pensées négatives dans la tête de ses passagers.

Votre cerveau peut seulement gérer de l'information positive

Où le lait se trouve-t-il dans votre réfrigérateur ? Je suis sûr que vous le savez, mais comment le savez-vous ? Voici la réponse : vous visualisez dans votre tête l'intérieur de votre réfrigérateur et vous voyez la bouteille de lait. Étonnant n'est-ce pas ?

Quelle est la chanson des Rolling Stones que vous préférez (ou tout autre groupe que vous aimez vraiment) ? Vous l'avez ? Comment y êtes-vous arrivé ? Vous l'avez rejouée dans votre tête pour l'identifier.

À quoi le contact du sable ressemble-t-il ? Il s'agit du même concept : pour répondre à la question, vous êtes allé chercher des sensations à l'intérieur de votre esprit, afin d'en revivre l'expérience.

Ces trois exemples illustrent le langage du cerveau : des images, des sons et des sensations. Le langage parlé ne vient qu'après l'impulsion donnée par les sens. Et maintenant, pouvez-vous vous imaginer ne faisant rien, ne ressentant rien, ne voyant rien ? Non ? Effectivement, c'est impossible parce que le cerveau ne peut gérer des images, des sons ou des sensations négatives. Pouvez-vous vous représenter mentalement en train de *ne pas* donner un coup de pied à un chien ? Vous n'y parvenez pas ; la seule chose que vous puissiez faire est de vous imaginer en train de faire quelque chose d'autre (rester debout près du chien, le nourrir, le promener, jouer

Parlez le langage du cerveau / 99

avec lui). Ces images sont les seules que vous pouvez vous représenter pour vous visualiser en train de ne pas donner un coup de pied au chien. Votre cerveau ne peut travailler qu'avec de l'information positive. Il tire celle-ci des expériences de vos cinq sens, qu'il agite ensuite dans le mixeur émotionnel que nous nommons imagination.

Plus de plaisir ou plus de problèmes ?

Récemment, j'ai acheté un nouveau logiciel pour mon ordinateur de bureau. Lorsque j'ai remercié la vendeuse pour son aide, elle m'a répondu : « *Aucun problème.* »

Un problème ? Qui a parlé de problème ? Je n'avais pas pensé qu'il puisse y avoir un problème jusqu'à ce qu'elle en parle. Recommençons la séquence.

« *Merci pour votre aide.* »

« *Ce fut un plaisir.* »

Ah, un « *plaisir* ». Voilà qui est mieux. Apportez-moi des plaisirs plutôt que des problèmes, quand vous voulez, même de façon subconsciente. C'est d'ailleurs de cette manière – inconsciente – que notre langage est traité. En guise de salut, préférez-vous : « *Comment se passe le combat ?* » ou « *C'est bon de vous revoir* » ?

Prenez conscience des messages latents que contiennent vos paroles. Dites « Avec plaisir ! » ou « Je vous en prie », plutôt que « Pas de problème ».

Commençons par le plus simple. Vous apprenez à un chien à sauter en lui disant « *Saute* » mais que pensez-vous qu'il fera quand vous lui direz « *Ne saute pas* » ?

Eh bien oui : le chien va sauter ! Même lorsque nous autres, humains, qui savons pourtant décoder le langage, nous entendons « *Ne saute pas* », nous devons d'abord penser au fait de sauter, puis choisir de faire autre chose. En fait « *ne pas* », comme toute autre négation, ne constitue pas un véritable langage.

Par conséquent, si « *ne pas* », ou toute autre négation, n'est pas enregistré par le cerveau, à quoi ma fille va-t-elle d'abord penser si je lui dis « *Sois gentille, ne mets pas de bazar dans ta chambre* » ?

Il y a peu de temps, j'ai donné une conférence dans un hôtel dont la piscine était en partie à l'extérieur et en partie dans la salle de conférence. Le président de l'association, pour accueillir ses visiteurs, plaisanta : « *S'il vous plaît, ne tombez pas dans la piscine.* » Les membres de l'assistance furent momentanément interloqués, tandis qu'ils s'imaginaient tous... en train de tomber dans la piscine ! Nous nous infligeons la même chose lorsque nous nous disons des mots tels que « *Je ne dois pas rater cette affaire* », et nous sommes nombreux à terminer nos lettres par la formule « *Au cas où vous souhaiteriez de plus amples informations, n'hésitez pas à me contacter* ».

Commencez-vous à réaliser le nombre d'impressions négatives que vous suggérez à vos clients, collègues, patients ou étudiants à cause des mots que vous choisissez et utilisez chaque jour ? Bien sûr, il est possible d'argumenter en avançant que dès lors que vos interlocuteurs savent ce que vous voulez dire, vos formulations négatives ne constituent pas un problème. Mais sachant que le cerveau doit d'abord penser à un comportement pour envisager, ensuite, son opposé, quelles pensées faites-vous naître dans l'esprit de vos clients, supérieurs ou employés quand vous prononcez les phrases suivantes ? Pouvez-vous identifier les messages positifs ou négatifs ci-contre ?

- N'ayez pas peur du ralentissement du marché.
- Aucun problème.
- Investissez à long terme.
- Pas de panique !
- Nous ne ferons rien de dangereux.
- Appelez-moi si vous voulez plus d'informations.
- Je ne le prendrais pas trop au sérieux.
- Nous avons vérifié toutes les bases.
- Cela ne vous fera absolument pas mal.
- Il n'est pas possible que vous perdiez.
- Ce fut un plaisir.

C'est à ce stade que le SIC reprend du service. Dans le monde des affaires, vous devez savoir comment utiliser le langage et encourager vos employés à cette même maîtrise. Vous devez aussi prendre l'habitude de penser et parler de façon positive. En d'autres termes, apprenez à ne pas vous exprimer de façon négative. (Décodez donc cela !)

L'humeur plutôt que l'action

Tandis que le cerveau humain traite l'information et les expériences que lui transmettent nos cinq sens, les sensations se transforment en langage. En réalité, à un certain niveau, il est même possible de dire que nous faisons six choses quotidiennement. Cinq d'entre elles concernent nos sens : nous voyons, nous entendons, nous touchons, nous goûtons et nous sentons. Et la dernière chose ? Nous fabriquons le langage : nous traitons nos expériences pour les transformer en mots et les communiquer.

Chaque jour, nous vivons des expériences diverses à travers nos sens. Puis, nous expliquons nos expériences, d'abord à nous-même et ensuite à notre entourage. Nous pensons sous forme de mots (nous nous parlons à nous-même), puis nous parlons à ceux qui nous entourent pour exposer nos expériences.

Au cours de notre vie, nous passons un temps conséquent à expliquer nos expériences. C'est l'un des éléments essentiels de notre prise de contact avec ceux qui nous entourent. Le travail d'explication est complexe et nous avons tendance à utiliser des schémas qui nous permettent de nous exprimer de façon prédéterminée. Et progressivement, nous finissons par penser sans y penser!

Chacun a un style propre pour donner des explications. Certains prennent l'habitude d'exposer leurs expériences en termes positifs; beaucoup d'autres tombent dans le piège consistant à tout expliquer de façon négative. Bien entendu, ces styles comportent de nombreuses nuances, mais il est possible de les répartir en deux catégories, l'une positive et l'autre négative.

Un style explicatif positif vous fait paraître enthousiaste et optimiste, alors qu'un style négatif donne de vous une image qui peut être qualifiée de réaliste, voire de franchement pessimiste. Ces styles affectent votre attitude et, comme vous le savez désormais, l'attitude est contagieuse.

Je suis à peu près certain que notre pilote d'avion pensait que son annonce était réaliste et concrète, mais son style explicatif a influencé le choix de ses mots et, en conséquence, le résultat de sa communication. Mais j'ai une bonne nouvelle: vous pouvez choisir votre style, et de ce fait, forger votre attitude. Quand vous parvenez à le faire, il vous est possible d'influer sur les sensations de vos interlocuteurs et, notamment, sur ce qu'ils ressentent à votre sujet.

Au final, il est possible de résumer ce phénomène de la façon suivante : vos expériences deviennent des mots, vos mots des actions, vos actions des habitudes, vos habitudes un caractère et votre caractère votre destin. Si vous commencez par adopter le style positif, vous augmentez vos chances de succès.

La cause et l'effet

Nous avons tous un besoin pressant d'expliquer les événements et la loi de cause à effet est un merveilleux outil pour cela. Cette logique peut prendre deux formes : l'une d'elle consiste à attribuer la cause d'un fait à un élément qui nous est extérieur (« *L'abruti de la comptabilité m'a mis de mauvaise humeur* ») ; l'autre consiste à en attribuer la cause à quelque chose qui vient de nous (« *Je suis génial !* »).

Bien entendu, aucune de ces explications n'est nécessairement correcte, mais il est facile d'en vérifier l'exactitude en utilisant un simple mot : « *pourquoi ?* » Ce mot joue un rôle très important dans l'établissement d'une relation. Les enfants le savent : ce sont de très bons questionneurs. D'après moi, ils sont préprogrammés pour demander : « *Pourquoi ?* » (« *Pourquoi allons-nous là-bas ?* », « *Pourquoi met-il ce truc dans son nez ?* », « *Pourquoi conduis-tu si vite ?* »). Cette curiosité naturelle est innée. Devenus adultes, ils réduisent cette curiosité innée comme on diminue la taille d'une fenêtre ouverte sur un écran d'ordinateur – peut-être parce que les questions incessantes de leurs enfants les ont presque rendus fous. Mais cette curiosité insatiable ne quitte jamais l'être humain, elle agit dans l'ombre, même si l'on pense qu'elle a disparu.

L'espèce humaine évolue grâce à la logique, au raisonnement, à la comparaison et, surtout, au traitement de l'information. La curiosité – l'instinct qui pousse à demander « *Pourquoi ?* » – est un élément essentiel de ce traitement.

Avez-vous remarqué que votre cerveau est plus satisfait lorsqu'il traite des informations tirées d'une situation mettant en jeu une cause et un effet, que lorsqu'il s'agit de situations impliquant exclusivement une cause *ou* un effet. Pourquoi ? Parce que...

Vous y êtes. J'aurais pu interrompre mon précédent commentaire avant le mot « parce que ». Toutefois, ce mot semblait mener à quelque chose de beaucoup plus intéressant, c'est-à-dire à la satisfaction logique de votre curiosité naturelle. Il laissait supputer une explication complète incluant une cause et un effet. En d'autres termes : quand vous faites ceci, il arrive cela. Comment utiliser ce principe à votre avantage, quand vous souhaitez nouer des relations d'affaires (ou toute autre relation) ?

Vous améliorez vos chances de satisfaction si vous donnez les raisons pour lesquelles vous voulez que quelque chose soit fait.

« Parce que... »

Le fait de dire à vos interlocuteurs pourquoi vous faites quelque chose influence de façon importante leurs réactions à votre égard ; la plupart du temps, en effet, les gens exécutent les demandes qui leur sont faites quand ils en connaissent les raisons. Ellen Langer, psychologue sociale à l'université de Harvard, l'a démontré dans une étude visant à prouver que les gens obéissaient automatiquement et sans y penser quand on leur donnait un stimulus adéquat. Ce stimulus était une proposition de cause à effet.

Voici comment s'est déroulée l'étude en question : dans une bibliothèque bondée, l'un des enquêteurs s'approchait d'un étudiant placé devant le photocopieur et demandait : « *Excusez-moi, j'ai cinq pages à photocopier. Puis-je utiliser le photocopieur parce que je suis très pressé ?* » Cette demande était exaucée dans 94 % des cas. Puis, lorsque l'un des enquêteurs se représentait au début de la file de gens attendant devant le photocopieur pour demander : « *Excusez-moi, j'ai cinq pages à photocopier. Puis-je utiliser le photocopieur ?* », le pourcentage de succès tombait à 60 %. Ce qui n'est pas très surprenant. En revanche, le score remontait à 93 %, lorsque l'enquêteur réessayait une dernière fois en disant : « *Excusez-moi, j'ai cinq pages à photocopier. Puis-je utiliser le photocopieur parce que je dois en faire des copies ?* » !

Les réponses automatiques sont fondées sur une raison, ou du moins sur ce qui ressemble à une raison. Les gens ont besoin d'une raison pour décider d'agir et justifier leurs actions. L'expérience de Langer montre qu'en l'absence de raison véritable, une phrase qui ressemble à une raison peut déclencher une réponse positive. Parce que le mot « *parce que* » est généralement suivi d'une information et est devenu un moteur d'action pour la plupart des gens, il est suffisamment puissant pour déclencher une réponse type ; dans ce cas, une réponse positive, malgré l'absence d'information concrète. Ce principe s'applique également à la poignée de main. Quand une personne vous tend la main droite, vous faites de même sans y penser. Si vous souhaitez établir une relation rapide, offrez à votre interlocuteur un « *parce que* », et vous aurez de grandes chances de succès. Par exemple, si vous cherchez à faire des affaires avec la société Q et que vous rencontrez l'un de ses décideurs, plutôt que de vous contenter de : « *Je suis ravi de vous connaître* », ajoutez : « *parce que j'ai beaucoup lu sur vos travaux d'avant-garde concernant XYZ...* »

En bref...

VOTRE CERVEAU PEUT SEULEMENT TRAITER DES INFORMATIONS POSITIVES

Le langage du cerveau est fait d'images, de sons, de sensations et, dans une moindre mesure, d'odeurs et de goûts. Le cerveau ne peut traiter des images négatives (*ne pas* faire quelque chose, *ne pas* voir quelque chose) ; il ne peut travailler qu'avec des informations positives. Par conséquent, prenez garde à ne pas suggérer d'impressions négatives dans l'esprit des autres à cause des mots que vous employez. (Eh voilà une belle série de négations !)

- Parlez sous forme positive/affirmative.

- Dites : « *C'est un plaisir* » plutôt que : « *Aucun problème* ».

- Utilisez les mots « *Appelez-moi* » plutôt que « *N'hésitez pas à m'appeler* ».

LE STYLE D'UNE EXPLICATION

Lorsque nous expliquons nos expériences, que nous nous parlions à nous-même ou que nous les exposions aux autres, nous avons tendance à suivre des schémas. Développez consciemment un style explicatif positif et contaminez les autres par votre attitude enthousiaste.

LA CAUSE ET L'EFFET

Le fait de dire à vos interlocuteurs pourquoi vous faites quelque chose a une influence énorme sur leurs réactions à votre égard. Les gens ont tendance à obéir automatiquement à des demandes, quand on leur donne une raison pour le faire. Continuez votre lecture parce que vous allez en apprendre beaucoup plus...

Chapitre 5
Prenez contact avec vos sens

Carl Jung a observé que ses patients avaient différentes façons de communiquer leurs expériences : les uns parlaient d'images, les autres de sons et d'autres encore de sensations.

Au milieu des années soixante-dix, on m'envoya à Miami m'informer sur une séance de photographie que je devais faire en vue d'une nouvelle campagne publicitaire pour une compagnie de navigation. L'agence m'avait dit : « *Nous savons déjà qu'en vacances, tout le monde veut bien manger et respirer de l'air pur ; c'est la base. Mais nos recherches nous ont également appris que les gens avaient des préférences sensorielles. Certains choisissent leurs vacances pour les paysages, d'autres favorisent le confort avec des activités, d'autres encore recherchent la tranquillité. Nous savons que ces trois éléments jouent un rôle essentiel dans le processus de décision, mais qu'en définitive, la satisfaction des préférences sensorielles est le critère déterminant pour faire un choix.* » On m'avait dit que mes photos devaient donc plaire à chacun des trois groupes : les gens sensibles à l'aspect visuel, ceux attentifs aux sensations et ceux focalisés sur les sons.

Le docteur Jung aurait été fier. L'agence de publicité de cette compagnie de navigation avait compris que des individus différents abordent le monde à travers des sens différents. Par conséquent, pour établir le contact avec ces différentes personnes, il est nécessaire de déterminer le sens qu'ils favorisent.

Les préférences sensorielles

Bien avant notre adolescence, nous avons commencé à favoriser l'un de nos trois principaux sens – la vue, l'ouïe ou le toucher – dans notre interprétation du monde. Bien entendu, nous utilisons chacun de nos sens, mais certaines personnes sont plus réceptives à ce qui est visuel, d'autres à ce qui est auditif, et d'autres à la kinesthésie (le toucher ou les sensations physiques). Inévitablement, notre sens dominant devient celui que nous utilisons le plus pour communiquer avec nous-même et avec les autres. Certains chercheurs considèrent que 55 % des gens favorisent le visuel, 30 % la kinesthésie et 15 % l'audition. D'autres penchent pour une répartition différente : 40 % des gens seraient plutôt visuels, 40 % kinesthésiques et 20 % auditifs.

Bien entendu, une communication efficace impose d'adapter notre mode de communication à celui des personnes que nous rencontrons. Cela signifie que si ces dernières pensent par images, il faut s'exprimer par images, ou du moins, leur parler de l'aspect des choses. Si elles favorisent les sons, nous évoquerons des sons associés à ces choses, et si elles sont attentives aux sensations physiques, des sensations qui y sont liées.

Imaginons que je travaille dans une agence de voyages et qu'un client me dise « *Je veux partir en vacances.* » Si je suis immédiatement capable de deviner que cette personne est, par exemple, kinesthésique, je dirai : « *Que diriez-vous d'un endroit où le sable est doux, l'eau chaude et le lit moelleux ?* » En d'autres termes, je lui parlerai de sensations parce que cela correspond à son mode de décision (subconscient, évidemment).

En revanche, si ce client me semble plutôt visuel, je lui dirai : « *Aimeriez-vous aller dans un endroit où vous n'entendez que les vagues et le chant des oiseaux, très loin du tintamarre de la ville ?* » Enfin, je me contenterai de montrer des photos à un client plus axé sur le visuel : « *Regardez donc ça* ».

Si vous cherchez à motiver ou persuader, basez votre message sur l'image, les sensations physiques ou le son.

Vous vous demandez sans doute comment déterminer le profil de ce client dès qu'il passe la porte. Voici quelques indications sur les éléments que vous devez observer dès les premières minutes d'une rencontre.

Les visuels parlent de l'aspect des choses. Ils s'expriment souvent d'une voix forte, rapide, directe parce qu'ils ne peuvent comprendre pourquoi vous ne voyez pas immédiatement ce qu'eux-mêmes visualisent. Ils veulent voir les preuves de vos assertions avant de prendre leur décision. Leur respiration est rapide et part de la poitrine. Ils s'habillent pour impressionner et se tiennent souvent très droit. Les visuels recherchent le contact des yeux quand ils parlent, et sont gênés par le désordre, la confusion et la pagaille.

Les visuels se réfèrent constamment à l'apparence des choses : « *Maintenant que nous en avons vu les possibilités, nous pouvons regarder vers l'avenir...* », « *De mon point de vue, il semble que nous voyons le bout du tunnel. Vous voyez ce que je veux dire ?* ». En règle générale, ces personnes lèvent les yeux vers la droite ou la gauche lorsqu'ils cherchent une image. (Si je vous demande la couleur de votre chemise préférée, où vos yeux se dirigent-ils?) Leurs gestes sont amples et ascendants, dessinant parfois des images dans l'air.

Les auditifs parlent des sons émis par les choses. Ils ont souvent un don pour s'exprimer et peuvent être très persuasifs ; leur voix est douce et engageante. Ils ont en général un mode de pensée audacieux et s'expriment souvent plus lentement que les visuels, en respirant tranquillement à partir du bas de la poitrine.

Les auditifs cherchent souvent à s'exprimer grâce à leurs vêtements, qu'ils choisissent d'ailleurs avec goût. Ils tournent parfois légèrement la tête quand ils écoutent. En pratique, ils orientent fréquemment une oreille vers leur interlocuteur, tout en regardant dans le vague, afin de se concentrer sur les sons qu'il produit en parlant. Les auditifs ne supportent pas les sons, les bruits et les voix désagréables.

Un individu qui se réfère de façon incessante aux sons des choses : « *Je n'aimais pas le ton de sa voix* », « *Ses paroles me disaient quelque chose* », « *J'exprime juste mon opinion* », « *Elle m'avait complètement cloué le bec* », « *Elle raconta une histoire magnifique et récolta un tonnerre d'applaudissements* » est probablement un auditif.

En règle générale, les auditifs regardent de côté (vers leurs oreilles, en fait) quand ils cherchent un son. (Où vos yeux se dirigent-ils si je vous demande si vous préférez l'hymne national quand il est chanté par un adulte ou par un enfant?) Les auditifs regardent aussi fréquemment de côté quand ils parlent et éviteront, pour vous répondre, le contact visuel, afin de se concentrer sur les sons qu'ils ont archivés dans leur tête. Le rythme de leurs gestes est souvent en harmonie avec celui de leurs paroles, et ils touchent parfois leur bouche, leur mâchoire ou leurs oreilles en parlant.

Les kinesthésiques parlent de ce qu'ils ressentent. Ils ont tendance à être sentimentaux et conviviaux et font confiance à l'intuition, bien qu'ils soient parfois réservés et prudents. Voici une indication : les individus massifs ou très athlétiques sont souvent kinesthésiques. Ils sont relativement faciles à identifier car ils ont besoin de toucher et de sentir pour être parfaitement satisfaits. Leur garde-robe est généralement constituée de vêtements confortables, faits de matières agréables, et favorise le confort plutôt que la mode.

Certains... kinesthésiques... ont... la... réputation... de... parler... terriblement... lentement, ou de se perdre dans toutes sortes de détails qui rendent fous les visuels et les auditifs. Ils ont des voix plus chaudes et plus lentes que les autres. Les kinesthésiques sont très sensibles aux détails.

Leur langage est basé sur les sensations physiques : « *Je me pencherai sur la question* », « *Il existe quelques pierres d'achoppement que nous allons supprimer* », « *Je m'efforcerai d'aplanir les différends* », « *Quand elle touchera à quelque chose de concret, j'entrerai en contact avec elle et l'épaulerai jusqu'à l'achèvement de sa mission* », « *Restons calmes, détendus et groupés* ». Ils regardent en général vers le sol, sur leur droite, lorsqu'ils évoquent des sensations ou qu'ils codent, archivent ou récoltent des informations. Leur respiration est régulière et située dans la partie inférieure du ventre. Leurs gestes sont lents et leurs bras fréquemment croisés sur la poitrine ou l'abdomen.

Si vous parvenez à deviner le sens privilégié d'une personne, vous pourrez lui parler en des termes qu'elle comprendra immédiatement, et chacun de vous en bénéficiera.

Bien entendu, si vous êtes capable de déterminer le type sensoriel de votre interlocuteur, vous établirez le contact plus facilement puisque vous saurez parler son langage et qu'ainsi, votre message lui parviendra immédiatement.

Le message des yeux

Les yeux peuvent donner encore plus d'informations sur les pensées d'une personne. Comme je l'ai déjà dit, les visuels ont plus souvent tendance à regarder vers le haut, alors que le regard des auditifs est fréquemment orienté vers le côté, quand les kinesthésiques baissent souvent les yeux. En effet, ces trois différents types de personnes favorisent un seul sens afin de coder, archiver et exprimer une information. Si vous demandez : « *Comment était le concert des Stones ?* », un visuel se rappellera d'abord des images, un auditif des sons et un kinesthésique des sensations. Mais un regard peut vous en dire encore plus sur votre interlocuteur, voire sur la *situation* elle-même. Quand un individu regarde vers le bas, ou sur la droite, il construit ou invente probablement la réponse, tandis que s'il regarde vers le bas, ou sur la gauche, il fait vraisemblablement appel à ses souvenirs pour vous répondre.

Un rapport construit : le cœur du caméléon

Une relation nécessite une confiance et une compréhension mutuelles entre deux ou plusieurs individus. Il n'est donc pas surprenant de constater que des personnes de type visuel paraissent sympathiques à d'autres visuels, et que le même phénomène s'observe chez les populations de type auditif ou kinesthésique. Nous rencontrons toujours des personnes avec lesquelles la relation semble naturelle et qui deviennent des amis. Cela arrive parce que nous partageons les mêmes goûts et intérêts, voire, probablement, les mêmes préférences sensorielles. Nous appelons cela *rapports hasardeux*. Dans la vie professionnelle, nous ne pouvons laisser nos relations au hasard. Il est impossible de simplement sup-

Prenez contact avec vos sens / 115

poser, ou espérer, que nous aurons affaire à des gens qui nous ressemblent. Nous savons par expérience que cela ne marche pas. Par conséquent, dans tous les autres cas, il existe le *rapport construit*.

EXERCICE

LE LANGAGE SENSORIEL

Vous trouverez, dans la colonne de gauche, la description d'une personne et, dans la colonne de droite, quelques phrases. En premier lieu, identifiez les personnes de type visuel, auditif et kinesthésique, puis voyez quelles phrases vous pouvez leur associer. La réponse se trouve page 117.

Jill est à la tête d'une société de traiteur très rentable. Elle a commencé toute seule et gère aujourd'hui 43 personnes. Pâtissière de formation, elle prend encore plaisir à relever ses manches et à donner un coup de main si besoin est. Elle préfère les vêtements confortables et a une voix patiente et douce.	Nous avons tous des points de vue différents. Vous saisissez les bases ? Cela sonne bien. Montre-moi comment tu as fait. Je vous entends haut et clair.
Howard est un juriste qui a les pieds sur terre. Il ne croit qu'aux faits et veut voir les preuves de ce qu'on lui dit. Il s'habille avec recherche et aime regarder ses interlocuteurs dans les yeux.	Je vois ce que vous voulez dire. Nous sommes dos au mur. Pouvez-vous faire la lumière sur ce mystère ? Ce nom me dit quelque chose.

Melissa peut charmer les oiseaux dans les arbres : elle est douée pour les mots. Elle fait de la politique depuis qu'elle a une vingtaine d'années. Son style vestimentaire est décontracté et semble toujours adapté à la situation.	Je n'arrive pas à mettre la main sur quelque chose de concret. Vous sentez-vous au diapason avec elle ? Creusons encore un peu.

Si nous faisons de réels efforts pour construire une confiance et une compréhension mutuelles (en adaptant notre attitude et en synchronisant nos langages corporels, nos intonations, nos paroles et nos préférences sensorielles avec ceux de nos interlocuteurs), il nous sera beaucoup plus facile d'établir le contact, de conclure des affaires, d'atteindre des buts communs et d'engager des projets.

En bref...

Les préférences sensorielles

La manière la plus efficace de transmettre des informations à quelqu'un est d'adapter votre style de communication au sien. En règle générale, il est possible de répartir les gens en trois catégories :

• **Les visuels :** « Dites-moi ou montrez-moi à quoi cela ressemble. » Les personnes de type visuel ont besoin de voir des images et de traduire leurs expériences en images.

• **Les auditifs :** « Dites-moi ou montrez-moi le bruit que cela fait. » Les personnes de type auditif ont besoin d'entendre des sons et de verbaliser leurs expériences.

Prenez contact avec vos sens / 117

- **Les kinesthésiques :** « Dites-moi ou montrez-moi les sensations que cela procure. » Les personnes de type kinesthésique communiquent en exprimant des sensations physiques.

Le rapport construit

Entrez en relation avec les autres en synchronisant votre langage corporel, vos intonations, vos paroles et vos préférences sensorielles avec les leurs.

Réponses de l'exercice sur le langage sensoriel

Jill est de type kinesthésique, Howard de type visuel et Melissa de type auditif.

Jill dirait probablement : « *Vous saisissez les bases ?* », « *Nous sommes dos au mur* », « *Je n'arrive pas à mettre la main sur quelque chose de concret* », « *Creusons encore un peu* ».

Howard dirait probablement : « *Nous avons tous des points de vue différents* », « *Montre-moi comment tu as fait* », « *Je vois ce que vous voulez dire* », « *Pouvez-vous faire la lumière sur ce mystère ?* ».

Melissa dirait probablement : « *Cela sonne bien* », « *Je vous entends haut et clair* », « *Ce nom me dit quelque chose* », « *Vous sentez-vous au diapason avec elle ?* ».

TROISIÈME PARTIE

PRENEZ CONTACT AVEC LA PERSONNALITÉ DE VOTRE INTERLOCUTEUR

Une fois que vous avez établi le contact avec les instincts de base de votre interlocuteur et que celui-ci se sent suffisamment à l'aise pour vous faire confiance, vous passez à la deuxième phase : mettre en relation vos mondes respectifs. Pour y parvenir, vous devez savoir trois choses : la manière dont les personnalités entrent en contact et réagissent, la vraie nature de vos affaires et le rôle que vous y jouez, et enfin, la façon de vous présenter globalement afin d'exposer au mieux votre personnalité et vos capacités au monde dans lequel vous évoluez.

Faire des affaires revient à faire parvenir des idées d'une personnalité à une autre. Apprendre à identifier et à motiver les différents types de personnalités vous permettra de livrer votre message de la façon la plus efficace possible.

Aussi bizarre que cela puisse paraître, en matière professionnelle, l'argent ne constitue pas la raison du succès (ce n'en est que l'un des effets). Je vous montrerai comment identifier ce qui vous motive et comment l'appliquer à votre travail, de façon à pouvoir succinctement exprimer ce que vous faites, voir clairement votre route et rester sans difficulté sur les rails qui vous conduiront vers un inévitable succès.

Une présentation globale de votre personnalité, mélangeant habilement un côté autoritaire et un côté accessible, influencera la quantité et la qualité de l'attention que vous portent les autres. Vous découvrirez ici comment vous sentir à l'aise et obtenir un avantage concurrentiel.

Chapitre 6
Nourrissez la personnalité de votre interlocuteur

Toute entreprise consiste à mettre de bonnes idées sur le marché. Vous prenez une bonne idée, vous en faites une grande idée et vous la présentez aux gens.

En 1762, John Montagu, comte de Sandwich, eut une bonne idée. C'était un joueur invétéré et il n'aimait pas quitter la table de jeu. Lorsqu'il avait faim, il demandait à ses serviteurs de lui apporter une tranche de viande entre deux tranches de pain. Ainsi naquit le sandwich.

Henry Heinz eut une bonne idée : il mit le ketchup en bouteille. Levi Strauss eut une grande idée : il fit des vêtements avec de la toile de tente. Bill Gates eut une bonne idée : mettre un ordinateur sur tous les bureaux. John Kimberly et Charles Clark eurent une bonne idée : ils créèrent un mouchoir en papier très doux pour se démaquiller. De nos jours, vous avez la possibilité de manger un sandwich au fromage tout en allumant un programme Windows, et d'essuyer le ketchup qui aura coulé sur votre jean Levi's avec un Kleenex. Toutes ces bonnes idées sont devenues de grandes idées toujours d'actualité. Elles ont permis de créer des emplois pour des milliers d'entre nous et elles ont fait la fortune de leurs créateurs. Et tout cela a pu voir le jour grâce à une armée de bâtisseurs qui ont soutenu le projet de quelques rêveurs.

Les rêveurs et les bâtisseurs

En matière d'affaires, quatre processus forment le modèle de base : rêver, analyser, persuader et contrôler. De même, les entreprises sont constamment à la recherche de quatre types de personnalités : les rêveurs qui apportent leurs idées ; les analystes qui s'assurent que ces idées sont bonnes ; les persuasifs qui font passer ces idées ; et les contrôleurs qui font en sorte que le travail soit accompli. Parmi les entrepreneurs qui ont réussi, beaucoup possèdent une ou plusieurs de ces qualités, alors que d'autres doivent trouver un partenaire afin de compléter la formule.

Votre personnalité affecte à la fois le choix de votre métier et la manière dont vous estimez vos performances professionnelles. Les gens qui ont le choix s'orientent en général vers un métier correspondant à leur personnalité : un individu affable et sociable (un persuasif) réussira vraisemblablement mieux dans une fonction commerciale, tandis qu'une personne plus prudente et attentive aux processus (un analyste) se tournera sans doute avec succès vers un métier d'ingénieur. Une personne ayant une personnalité affirmée et franche (un contrôleur) préférera un rôle de manager, alors qu'un individu plus timide, mais capable de voir les choses sous différents angles (un rêveur) appréciera une fonction créative.

Les analystes et les contrôleurs sont plus à l'aise quand ils doivent suivre des procédures et des modes d'emploi, tandis que les rêveurs et les persuasifs font davantage confiance à leurs émotions et à leur spontanéité pour réussir. Les analystes et les rêveurs sont souvent plus réservés et introspectifs, alors que les contrôleurs et les persuasifs sont plus expansifs et catégoriques.

Les quatre personnalités professionnelles

Procédures

Analyste	Contrôleur
Rêveur	Persuasif

Réservé   Expansif

Options

Comment deviner qui est quoi ? **Un rêveur** est un visionnaire qui attrape au vol des options et des idées, puis les étudie. Il n'abandonne pas facilement : il essaye encore et encore. Vous établirez le contact avec lui en lui donnant la latitude nécessaire pour rêver et en respectant son espace privé.

Un analyste tire sa force de l'attention qu'il porte aux détails et de son esprit critique. Il est pointilleux quant à la résolution des problèmes et attaché au travail bien fait. Dans son cas, vous établirez la relation en accordant de l'importance aux détails, en étant bien organisé et en vous concentrant sur les faits.

La force d'**un persuasif** vient de son optimisme communicatif et d'une façon de communiquer à la fois divertissante et persuasive. Il aime être apprécié. Pour entrer en contact avec lui, faites-en le centre de l'attention, répondez-lui avec enthousiasme et valorisez sa spontanéité. N'oubliez pas de noter les détails sur une feuille car il se peut qu'il perde le fil de sa pensée.

Un **contrôleur** est incroyablement compétitif et accorde beaucoup d'importance aux résultats. Il est direct et assuré. Il est obsédé par son désir d'achever sa mission. Pour entrer en relation avec lui, donnez-lui des options et des alternatives, introduisez-y ce que vous voulez et concentrez-vous dessus. Faites-lui comprendre que vous saisissez et appréciez ce qu'il fait de mieux et, surtout, ne lui faites pas perdre son temps.

Chaque type de personnalité a bien entendu un revers. Un rêveur sans rêve se transforme en poids mort. Un analyste sans projet consistant peut aisément devenir geignard. Un persuasif qui ne parvient pas à persuader est suprêmement ennuyeux. Un contrôleur qui ne contrôle plus rien devient un despote. Pour être efficace, chacun de ces types de personnalités doit prendre conscience de ses forces, mais aussi de ses faiblesses. Lorsqu'ils le font (ou qu'ils trouvent un partenaire pouvant compenser leurs faiblesses ou leurs lacunes), on peut s'attendre à de grandes choses. Examinons l'exemple d'un duo gagnant : Rachel analyste/contrôleur et Sam rêveur/persuasif.

Quelques années auparavant, Sam et Rachel se promenaient sur les quais de leur ville, en bord de mer, quand Sam remarqua un panneau « À louer » accroché à une fenêtre.

« *Tu sais ce qui manque ici ? Un très bon restaurant de fruits de mer* », dit Sam.

« *Tu as raison* » répondit Rachel en commençant à réfléchir. Elle pensa aux autres restaurants du quartier. Y avait-il assez de travail hors saison ? Pouvait-on faire confiance aux fournisseurs locaux ? Ces obstacles envisagés, elle prépara une étude de marché et ils se rendirent ensemble à la banque, afin de persuader son directeur de leur accorder un prêt de 10 000 dollars.

Nourrissez la personnalité de votre interlocuteur / 127

Ce fut surtout Sam qui parla : il parvint à convaincre le banquier mais celui-ci fixa une condition... Il regarda Rachel dans les yeux et dit : « *Je marche avec vous à condition que vous gériez l'affaire* ».

Sam avait eu l'idée de ce projet et avait réussi à persuader le directeur de la banque. Mais ce dernier avait écouté attentivement les analyses de Rachel sur le potentiel du restaurant et ses difficultés éventuelles. Il avait ainsi rapidement identifié le meilleur gestionnaire.

Rachel était organisée, attentive aux détails et réaliste – comme lui. En outre, le banquier aimait la manière dont elle canalisait l'impétuosité naturelle de Sam. En principe, aussi longtemps que Rachel et Sam s'en tiendraient à leurs rôles respectifs, l'entreprise serait un succès. Au contraire, imposer à Rachel de créer, ou à Sam d'analyser, obligerait la banque à interrompre son prêt.

Il est tout aussi important de comprendre votre propre personnalité que celle de vos employés, collègues ou supérieurs. Votre personnalité influence la façon dont vous structurez et présentez vos idées aux autres. Vous devez donc en premier lieu apprendre à vous connaître et identifier la manière dont vous entrez en relation avec les autres. Prenons l'exemple d'un contrôleur qui est parvenu à entrer dans la peau d'un groupe de rêveurs et à déterminer la façon dont il pouvait les aider à accomplir leur mission.

Steve Erickson dirigeait une société d'emballage et de design. Les créatifs de sa société semblaient frapper de paralysie collective et leurs créations du mois précédent ne présentaient aucun réel intérêt. Il savait qu'il leur imposait une forte pression, mais il ne comprenait pas en quoi cela pouvait les gêner.

« *De nos jours, tout le monde est sous pression* » me disait-il. « *Mon instinct me pousse à être dur avec mes créatifs, à leur dire que leur boulot est sans intérêt et à leur répéter qu'ils sont payés pour faire du bon travail et rien d'autre. Il y a quelques années, je les aurais convoqués dans une salle de réunion et je leur aurais dit : 'Voici ce que vous devez me fournir au cours du prochain trimestre, et il vaudrait mieux que ça soit bon, sinon c'est la porte'».* Mais Steve avait un peu évolué et avait appris que cette approche ne donnait aucun résultat.

J'ai rencontré Steve lors de l'un de mes séminaires. Il leva la main pendant une discussion entre rêveurs et posa des questions très pertinentes. En fin de journée, nous nous retrouvâmes pendant quelques minutes afin d'envisager comment motiver son équipe de créatifs.

« *Vos employés sont des rêveurs professionnels et vous êtes un contrôleur*», lui dis-je. Je ne lui révélai pas exactement comment les gérer, mais je lui exposai comment aiguillonner l'imagination d'un rêveur. Je lui expliquai que les images, les sons, les sensations, voire les odeurs et les goûts, étaient essentiels à la productivité de son équipe, et que celle-ci avait besoin d'un flot constant de nouvelles expériences et de stimuli permanents. Il admit que les stimuli actuellement en place ne fonctionnaient manifestement pas. Bien que son instinct le pousse à la sévérité, il réalisait qu'il aurait été totalement contre-productif de mettre ses employés sous pression. Au lieu de cela, il décida de travailler son SIC – déterminer ses souhaits – de manière positive, et de trouver le moyen de les réaliser.

Par la suite, j'appris que Steve avait causé un petit scandale dans sa société, lorsqu'il avait décidé d'emmener son équipe en voyage, pour une retraite destinée à faire décoller sa créativité. Certains cadres pensaient en effet qu'il récompensait ainsi l'équipe des créatifs pour son mauvais travail.

« *Vous les emmenez dans un hôtel cinq-étoiles alors qu'ils sont incapables de nous fournir ce dont nous avons besoin ? Vous êtes fou!»* lui avait dit le directeur financier. Mais finalement, Steve exécuta son plan comme prévu, et il en retira très exactement ce dont sa société avait besoin.

Une fois installés dans un hôtel de luxe situé dans les Monts Adirondack, loin du bureau et confrontés à des stimuli adéquats, les membres du département Création s'attaquèrent à leur projet le plus important et accomplirent plus de travail en deux jours qu'au cours du mois précédent. En outre, de retour au bureau, l'énergie créée lors de ce week-end continua à les alimenter. Mais Steve ne s'arrêta pas là : il envisageait à moyen terme de modifier la décoration des bureaux des créatifs en installant des portes battantes d'un rouge éclatant, façon saloon, et en faisant poser une moquette de la même couleur. Il voulait également planter un arbre immense devant leurs fenêtres. Toutes ces actions qui n'auraient aucun effet sur des analystes, sont parfaites pour des rêveurs comme les créatifs de Steve.

Les conflits de personnalités

Faites le tour de votre bureau. Y a t-il des collègues avec lesquels vous entretenez des relations un peu tendues ? Quelle est leur personnalité ? Si vous parvenez à la déterminer, vous parviendrez peut-être à briser la glace. Lorsque deux personnes ignorent pourquoi elles s'entendent mal, ou ne comprennent pas comment fonctionne l'autre, une difficulté de communication peut surgir de façon rapide et durable.

John Stevenson est directeur régional des ventes d'Acme Corp. Il doit rencontrer le nouveau chef des ventes d'un secteur voisin du sien. Il apprend qu'ils doivent se trouver à l'aéroport d'O'Hare au même moment, et organise une rencontre pendant leur escale. John veut comparer leurs notes et examiner le nouveau bon de commande qu'il a concouru à réaliser.

John a une carte de membre de la compagnie aérienne qui lui donne accès au salon mis à la disposition des passagers. Son avion atterrissant quarante minutes avant celui de Sandy, il s'arrange pour qu'ils puissent s'y retrouver. C'est un homme sensé qui porte des vêtements qui lui ressemblent.

« *John Stevenson ?* » Levant les yeux du magazine *Fortune* qu'il lisait, il voit une femme énergique et souriante vêtue d'un tailleur jaune éclatant, jonglant avec ses deux sacs et son attaché-case pour pouvoir lui serrer la main.

« *Sandy ?* »

« *Oui !* » acquiesça-t-elle vigoureusement.

« *Asseyez-vous, je vous en prie. Je pensais que vous n'aviez pas accès à ce salon, et je m'apprêtais à...* »

« *Oh, c'est exact, mais je me suis arrangée pour entrer et on m'a indiqué où vous deviez probablement vous trouver. Alors j'ai dit que j'allais vérifier, et que si ce n'était pas vous, je reviendrais au comptoir pour attendre. Le personnel est assez occupé, vous savez. Donc, me voilà.* » Elle était parvenue à se débarrasser de ses sacs et à s'asseoir sans s'interrompre.

« *En effet. Voulez-vous boire quelque chose ?* » Sandy accepta volontiers et John se dirigea vers le bar et rapporta un jus de fruit.

« *Nous avons peu de temps,* » dit-il en regardant sa montre. « *Environ vingt minutes pour être précis, donc, si vous êtes d'accord, je voudrais vous montrer quelque chose.* »

Sandy ne s'était pas préparée à commencer si vite. John tira deux imprimés d'une pile parfaite qu'il avait préparée sur la table, avant l'arrivée de Sandy, et les lui mit entre les mains. Sandy aurait aimé discuter un peu, mais au lieu de cela, John lui demandait d'examiner ces deux imprimés. Elle avait plutôt bon caractère, mais ce type commençait à l'énerver.

« *Un instant, s'il vous plaît. Que suis-je censée regarder ? Que suis-je censée trouver ?* »

« *Je vous ai tout expliqué par e-mail,* » dit John ; sa voix et son visage traduisaient son exaspération.

Le temps passe-t-il si vite ? En moins de deux minutes, cette prise de contact s'était transformée en désastre. Avez-vous déjà une idée du type de personnalité de ces deux personnes ? Quelles sont leurs forces ? Quelles faiblesses y sont associées ? Qu'est-ce qui motive John ? Qu'est-ce qui motive Sandy ?

Voilà typiquement une occasion manquée. John est un analyste, précis et déterminé. Sandy est une persuasive, concentrée sur elle-même et trop bavarde. John aurait pu profiter d'une conversation intéressante s'il avait exprimé son admiration pour la manière dont Sandy était parvenue à le trouver. Il se serait ainsi mis en harmonie avec la liberté d'action de Sandy. De son côté, Sandy aurait pu complimenter John sur l'organisation de cette réunion, se mettant ainsi en harmonie avec son sens logistique. Mais, en l'état, toute possibilité de coopération était perdue. En fait, ils se rappelleraient sans doute cette rencontre comme un moment embarrassant, les empêchant à jamais de développer une relation plus profonde.

EXERCICE

Qui parle?

Le caméléon professionnel doit être capable de s'adapter aux types de personnalités de ses clients et collègues. À cette fin, il doit d'abord déterminer le type de personnalité de son interlocuteur en l'observant, en le questionnant et en l'écoutant. S'agit-il d'un rêveur, d'un analyste, d'un persuasif ou d'un contrôleur? Ensuite, il doit immédiatement mettre son propre style en harmonie avec celui de son interlocuteur.

Voici quatre réponses différentes à la même question. Identifiez le rêveur, l'analyste, le persuasif et le contrôleur. Essayez d'imaginer ce que vous ajouteriez afin d'entrer en relation avec chacun d'eux et d'entretenir la conversation.

Question : Comment faire diminuer les coûts délirants du département design?

Réponse 1. Peut-être pourrions-nous lancer une campagne de publicité indépendante soulignant le coût délirant des dépassements de budget?

Réponse 2. Envoyez-leur un comptable qui devra fournir des résultats visibles en moins de trois mois.

Réponse 3. Voyons si d'autres départements ont le même problème. En regardant les chiffres, le département design pourra peut-être tirer un enseignement de ce qui se passe au département production ou communication.

Réponse 4. Peut-être pourrions-nous utiliser nos importantes ressources informatiques et Internet, pour mettre au point un système d'alarme qui clignoterait sur nos écrans.

Vous avez deviné que les réponses ont été fournies, dans l'ordre, par un persuasif, un contrôleur, un analyste et enfin, un rêveur.

Des possibilités d'amélioration

L'un des moyens d'améliorer vos capacités de communication consiste à examiner l'envers de vos forces. Cela ne signifie pas que vous devez observer vos faiblesses ; vous devez au contraire identifier les points faibles inhérents à vos points forts. En général, ce ne sont pas vos faiblesses, mais plutôt les points faibles associés à vos forces qui paralysent vos capacités à établir une relation, à communiquer et à passer du bon temps avec votre entourage. Regardez les exemples suivants, peuvent-ils s'appliquer à votre cas ?

• **Rêveurs :** votre capacité à voir une situation sous différents angles vous rend-elle indécis ? Votre besoin d'espace privé ou votre désintérêt pour votre propre apparence peuvent-ils donner à votre entourage une première impression erronée ? Dites-vous parfois « oui » alors que vous pensez vraiment « non » ?

• **Analystes :** votre perfectionnisme vous conduit-il à manquer certaines opportunités parce qu'il vous empêche d'avoir une vision globale de la situation ? Êtes-vous extrêmement critique ? Est-il possible que votre apparence réservée et distante éloigne les autres ?

• **Persuasifs :** avez-vous un tel besoin de divertir les autres que vous avez tendance à exagérer ? Êtes-vous bavard au point de rater les informations utiles que votre interlocuteur pourrait vous donner ? Évitez-vous les confrontations ? Avez-vous des difficultés de concentration ?

• **Contrôleurs :** votre assurance affecte-t-elle votre capacité d'écoute ? Votre impatience vous conduit-elle à argumenter continuellement, voire à vous entêter dans votre opinion ? Est-il possible que cette tendance à l'impatience diminue votre capacité à traiter l'information que l'on vous transmet, et à établir les relations dont vous avez besoin ?

Parfois, ce qui nous construit nous affaiblit dans le même temps. Personne n'est parfait, bien sûr, mais une conscience accrue des aspects de votre personnalité qui nécessitent un peu de travail constitue un premier pas vers une amélioration. Par conséquent, tout en renforçant vos points forts, consacrez un moment à l'identification de leur face cachée et de leur impact sur votre entourage. Gardez également à l'esprit que, quel que soit votre type de personnalité, celle-ci transmet d'innombrables informations à vos interlocuteurs. Soyez donc conscient des informations que vous émettez.

- **Contrôleurs :** les gens vous trouvent-ils agressif ou intimidant ?

- **Analystes :** vous donnez-vous un air distant ou supérieur ?

- **Persuasifs :** vos nombreux gestes pétulants engendrent-ils la confusion chez vos interlocuteurs ?

- **Rêveurs :** les gens se demandent-ils si vous les écoutez ?

Le fait de comprendre le type de personnalité de vos clients ou collègues changera votre relation, même si vous les côtoyez depuis des lustres.

Chaque point fort contient sa propre faiblesse.

En bref...

Le caméléon professionnel s'adapte aux types de personnalités de ses clients et collègues, et les nourrit.

Les types de personnalités

Il existe quatre principaux types de personnalités que les entreprises recherchent en permanence : les rêveurs qui fournissent les idées ; les analystes qui s'assurent que ces idées sont bonnes, les persuasifs qui font passer ces idées ; et les contrôleurs qui font en sorte de les mettre en œuvre. La plupart des gens combinent ces divers talents, mais l'un d'eux est en général prédominant. Voici comment établir le contact :

- **Le rêveur.** Donnez-lui de l'espace et des stimuli pour l'inciter à rêver. Respectez son espace privé. Parlez-lui en lui offrant des options.

- **L'analyste.** Accordez de l'attention aux détails, soyez bien organisé et tenez-vous en aux faits.

- **Le persuasif.** Répondez-lui avec enthousiasme et valorisez sa spontanéité. Mettez les détails par écrit.

- **Le contrôleur.** Donnez-lui des options et des alternatives (puis tâchez de l'amener vers le résultat que vous recherchez). Reconnaissez ses qualités et ne lui faites pas perdre son temps.

Les points faibles associés à vos points forts

Examinez les points faibles associés à vos points forts, afin d'améliorer vos capacités de communication.

- **Rêveur.** Êtes-vous indécis ? Donnez-vous à vos interlocuteurs une première impression erronée ? Dites-vous « oui » alors que vous pensez le contraire ? Ou l'inverse ?

- **Analyste.** Ratez-vous des occasions parce que vous n'avez pas une vision globale de la situation ? Êtes-vous extrêmement critique ? Paraissez-vous réservé ou distant ?

- **Persuasif.** Parlez-vous trop ou en exagérant ? Évitez-vous la confrontation ? Avez-vous des difficultés de concentration ?

- **Contrôleur.** Discutez-vous de façon incessante ou êtes-vous obstiné ? Parvenez-vous à traiter correctement les informations qui vous sont transmises ?

Chapitre 7
Identifiez la nature de votre métier

Contrairement à ce que l'on vous a appris, l'argent ne constitue pas le meilleur moyen de motiver quelqu'un. Bien entendu, nous avons tous des besoins que l'argent peut combler (manger, se loger, se déplacer et assurer sa sécurité), mais ce qui pousse la plupart d'entre nous à nous dépasser au bureau est de croire à l'importance de notre travail. Effectuer un travail qui semble important – pour notre société, notre équipe ou notre communauté – donne vie à nos valeurs et nos croyances. Cela nous valorise et nous donne une impression d'utilité et de but.

Les sociétés intelligentes prennent en considération les valeurs de leurs employés et font en sorte de donner un sens à leur travail. Elles le font, notamment, en établissant un plan de mission. Certaines organisations vont jusqu'à décliner ces plans de mission pour aboutir à ce que j'appelle la grande idée de la société. Une *grande idée* peut, lorsqu'elle est adroitement mise en forme, expliquer de façon simple et mémorable les raisons pour lesquelles l'organisation existe et quels sont ses bienfaits. Elle peut ainsi personnaliser l'entreprise. La mesure de son efficacité est tangible lorsque chaque employé est capable de s'y référer et de déterminer s'il y répond ou pas.

Par exemple, la grande idée des Hôtels Marriott est la suivante : « *Nous donnons l'impression aux gens qui sont loin de chez eux, de passer un séjour chez des amis.* » C'est génial et facile à mémoriser. Tous les employés de la société depuis le directeur des relations publiques jusqu'au réceptionniste, en passant par la femme de chambre ou le chef pâtissier en cuisine peuvent se demander : « *Suis-je en train de le faire ou pas ?* » Si la réponse est positive, la société va bien. Dans le cas contraire, il est temps d'opérer quelques changements. Voici donc l'effet magique d'une grande idée bien formulée : elle intéresse chaque employé à la mission de son entreprise, en lui donnant le pouvoir de suivre et perpétrer la mission de cette entreprise. Charles Revlon l'a magnifiquement formulé : « *Dans les ateliers de production Revlon, nous fabriquons des cosmétiques, mais dans les boutiques, nous vendons de l'espoir.* »

Voici d'autres grandes idées qui évoquent simplement et efficacement les buts sous-jacents de l'entreprise :

- *EDF :* Nous vous devons plus que la lumière ;

- *Coca-Cola :* Nous rafraîchissons le monde ;

- *L'Oréal :* Parce que vous le valez bien ;

- *Walt Disney :* Nous rendons les gens heureux.

Aucune de ces grandes idées ne se réfère directement à un produit ou un service. Elles ont trait à ce que fait l'entreprise. Il est facile d'imaginer qu'un cadre commercial de chez Merck a l'impression d'avoir plus de latitude lors d'une présentation commerciale, s'il sait que le but de son entreprise est de préserver et d'améliorer la vie humaine. Chaque employé des sociétés mentionnées ci-dessus peut se demander s'il agit conformément à la grande idée de son entreprise ou non, et obtenir immédiatement la réponse. Pensez-vous que la question et la réponse affectent les employés sans responsabilité ? Et comment !

La grande idée : un concept à peaufiner

Je participais récemment à un séminaire en Pennsylvanie pour une chaîne nationale de restaurants dont l'ambition était d'améliorer ses relations-clients. À l'origine, le plan de mission de cette société disait : « *Nous sommes ici pour donner à nos clients le meilleur bla bla bla..., et le faire avec courtoisie bla bla bla..., et satisfaire bla bla bla..., tout en nous rappelant que bla bla bla...* ». Personne ne parvenait à s'en souvenir et personne ne pouvait me dire ce que cela signifiait. J'avais du pain sur la planche...

La grande idée jaillira de la découverte de la véritable nature de votre métier. J'aide les entreprises à mettre au jour cette idée en extirpant, notamment, à leurs responsables des critères, les uns après les autres. En termes moins pompeux, il s'agit simplement de trouver ce qui leur semble important – hormis les choses évidentes, comme récompenser les actionnaires ou offrir un service irréprochable, voire des toilettes propres. Pour trouver la grande idée, il faut découvrir les valeurs et les croyances fondatrices de l'entreprise.

Une grande idée doit parler à chaque employé, sans exception.

En ce qui concerne la chaîne de restaurants, j'ai posé à chacun des responsables de la société la question suivante : « *Selon vous, qu'est-ce qui est important dans un restaurant ?* » (la première question vise toujours les aspects les plus simples du métier en cause). Ils ont commencé à dresser des listes que j'ai écrites sur un tableau noir. Chaque fois qu'ils cessaient de parler, je demandais : « *Quoi d'autre ?* » jusqu'à ce qu'ils me disent que c'était vraiment tout. Je me suis contenté d'adapter le ton de ma voix, mon langage corporel et les mots que j'employais au message que je voulais leur faire passer : j'étais motivé, intéressé et curieux de connaître le résultat de nos recherches. En voici une version abrégée :

Moi : « *Selon vous, qu'est-ce qui est important dans un restaurant ?* ».

Lui : « *Un bon repas, un prix juste, un service impeccable, un personnel sympathique...* ».

Une fois leurs listes terminées, j'ai approfondi chacun de ces éléments – nourriture, prix, service, convivialité – pour en dégager des grandes lignes.

Moi : « *Selon vous, qu'est-ce qui est important dans un bon repas ?* ».

Lui : « *Que cela me fasse plaisir quand je le mange, que cela me donne le temps de réfléchir, alors je suis content, j'apprécie les saveurs...* » Etc.

Moi : « *Selon vous, qu'est-ce qui est important dans un prix juste ?* »

Lui : « *J'apprécie un bon rapport qualité-prix.* ».

Moi : « *Quoi d'autre ?* ».

Lui : « *J'aime faire des affaires avec des gens auxquels je fais confiance...* ».

Ensuite, je lui ai demandé d'approfondir encore un peu plus, en discutant de chacun de ces nouveaux éléments – une sensation agréable, un temps de réflexion, la qualité, la confiance. Finalement, nous avons découvert que les croyances et les valeurs de ce décideur s'appuyaient uniquement sur un ou deux paramètres. Cette recherche nous prit vingt à trente minutes et fut répétée avec chacun des responsables.

En milieu d'après-midi, j'ai réuni tous les participants et je leur ai montré la liste définitive. Elle incluait des réflexions du type « *S'il faut que je fasse la queue, il vaudrait mieux que ça vaille le coup* », « *J'aime les restaurants où l'attention portée à la nourriture est importante* », « *J'aime me sentir important* », « *Il faut que l'odeur me mette l'eau à la bouche* ».

En fin de journée, nous tenions une grande idée qui enthousiasmait et inspirait tout le monde. Elle était si simple qu'elle déclenchait instantanément le fameux mantra : « *Suis-je en train de le faire ou pas ?* ». Cette grande idée était formulée ainsi : « *Grâce à nous, les gens affamés se sentent importants.* »

Une grande idée doit être courte et agréable ; elle doit instantanément déclencher le fameux mantra : « Suis-je en train de le faire ou pas ? »

La formulation de la grande idée est fréquemment banale, évidente et presque insignifiante pour les gens qui ne font pas partie de l'entreprise l'ayant développée. Mais quand vous la nourrissez avec du concret, des employés et d'autres ingrédients et que vous la considérez de l'intérieur, elle a un pouvoir immense : elle peut changer les comportements, les attitudes, les perceptions et les bases des salariés d'une société.

La phrase : « *Grâce à nous, les gens affamés se sentent importants* » est-elle facile à retenir ? Traduit-elle l'esprit de l'entreprise concernée et entraîne-t-elle l'ensemble des personnes impliquées dans la même direction ? Est-elle universelle ? Peut-elle être développée ? Oui, elle est tout cela à la fois. La société que je conseillais commanda immédiatement des panneaux qu'elle afficha sur toutes les caisses de ses restaurants. Ceux-ci agissaient comme un pense-bête amenant les employés à rester concentrés sur leur mission en se demandant : « *Suis-je en train de le faire ou pas ?* ».

Et pour vous ?

Définir une grande idée permet aux entreprises de motiver leurs employés et de garantir le bon accomplissement de leur mission. La démarche est identique pour vous : la définition d'une grande idée personnelle, appliquée à votre vie professionnelle spécifique, peut donner à celle-ci un sens plus défini et une signification plus profonde.

Parfois, dans votre vie quotidienne, vous sous-estimez votre travail. Vous n'y voyez que soucis et routine et vous perdez la vision globale de votre mission. Pourtant, chaque individu participe au fonctionnement de la planète. Commencez par identifier la valeur et l'importance de votre propre contribution et il vous sera de plus en plus facile d'entrer en contact avec les autres. Votre travail a de la valeur, même s'il vous paraît insignifiant.

Pat Sullivan est l'une des personnes ayant contribué à formuler une grande idée dans le monde professionnel. Il travaille à la section export du département commercial de l'Ontario et a trouvé une phrase résumant ce qu'il fait et dont il est fier. Cette phrase facilite, par ailleurs, ses relations avec les gens. Pat m'a dit : « *Une fois que je suis parvenu à exprimer l'importance de ma contribution, les choses se sont mises en place. Maintenant je sais pourquoi je me lève le matin.* » Aujourd'hui, Pat à l'impression qu'il appartient à quelque chose de plus grand que lui. Il est motivé, non pas par une carotte ou un bâton, mais par une sensation d'appartenance. Ses valeurs vivent.

Avant de trouver sa grande idée, Pat était souvent amené à presque s'excuser pour son employeur. Il lui semblait que personne ne le prenait, lui ou son équipe, au sérieux. Il avait l'impression que très peu de professionnels comprenaient la nature du travail de son département et son impact sur l'économie. Pat avait des difficultés à expliquer comment il influait sur la vie des gens.

Pourtant, il considérait que lui-même et son département constituaient une source de valeur pour l'économie, mais le travail qu'ils accomplissaient ne semblait jamais vraiment reconnu et était donc assez peu excitant. Il était loin d'atteindre l'enthousiasme des chefs des petites entreprises qu'il était censé conseiller.

Il y a peu de temps nous nous sommes rencontrés pour en parler. Il m'a expliqué que lorsqu'il utilisait un jargon compliqué tel que : « *Grâce à nos contreparties au sein des ambassades et consulats locaux, ainsi qu'aux départements étrangers du tourisme, nous sommes en mesure d'identifier des opportunités de marché éventuelles, et parfois bla bla bla...* » pour s'adresser à ses clients, ceux-ci le regardaient d'un air vide et paraissaient se désintéresser complètement de son discours.

À la suite d'une matinée de travail au cours de laquelle nous avions échangé des idées et suivi le processus d'identification mentionné ci-dessus, il concocta une grande idée personnelle toute simple, résumant sa vie professionnelle. Pat avait la passion des puzzles. À partir du moment où il parvint à envisager son travail sous cet angle, il put formuler sa grande idée personnelle : « *Je résous des puzzles professionnels* ». À partir de cet instant, la voie de Pat était toute tracée. Aujourd'hui, il sait comment distinguer et utiliser les forces de son département, et comment promettre de nouvelles découvertes. Quand il se demande : « *Suis-je en train de le faire ou pas ?* », la réponse sonne toujours haut et clair.

Exercice

Formulez votre propre grande idée

Trouvez un endroit tranquille, prenez un stylo et un papier et échauffez-vous par quelques questions : Quel est le but ultime de mon travail ? Pourquoi mon organisation/boulot/travail/métier existe-t-il ? Qu'est-ce que je veux apporter ? Quelle grande idée se cache derrière mon entreprise ? Écrivez une demi-douzaine de mots vous décrivant brièvement à dix ans, puis à vingt ans. Maintenant vous pouvez commencer.

Vous allez faire le même exercice que celui que j'ai effectué avec l'équipe de la chaîne de restaurants lorsque j'ai posé la question « *Selon vous, qu'est-ce qui est important concernant... ?* ». Débutez par : « *Selon moi, qu'est-ce qui est important concernant mon travail ?* ». Trouvez les mots, prenez-en note, puis utilisez-les pour l'étape suivante. Continuez jusqu'à identifier vos valeurs de base et les choses qui vous motivent.

Identifiez la nature de votre métier / 145

> Ensuite, listez dix dons et talents qui vous qualifient depuis votre enfance (imaginez que vous participez à une émission de jeux qui vous donne mille euros pour chaque élément listé).
>
> Mettez cette liste de côté pendant quelques heures ou quelques jours, jusqu'à ce qu'une lumière s'allume dans votre cerveau et que vous vous disiez : « *Bon sang, c'est tellement évident !* ». Avec un peu d'aide, ce travail peut être réalisé assez rapidement, mais si vous le faites seul, accordez-vous un peu plus de temps. Votre cerveau doit d'abord faire le ménage.

Un spot publicitaire de dix secondes pour transmettre sa grande idée

Votre grande idée personnelle est la façon dont vous définissez votre travail. Votre spot publicitaire (dix secondes maximum) est la façon dont vous parlez aux autres de votre travail. Lorsqu'on lui demandait ce qu'il faisait, Pat Sullivan, par exemple, ne pouvait dire : « *Je résous des puzzles professionnels.* » Les gens auraient pensé qu'il se moquait d'eux. En revanche, il pouvait dire : « *J'aide les exportateurs à trouver des marchés, à y acheminer leurs produits, et à passer une bonne nuit de sommeil.* » L'idée qui sous-tend ce spot publicitaire est que, une fois les dix secondes passées, votre interlocuteur est si intrigué qu'il ne peut qu'ajouter : « *Dites m'en plus !* ». Il s'agit d'une invitation à la conversation et à l'établissement rapide d'un lien.

L'an dernier, j'ai accepté une mission à Paris. Je pensais que j'allais aider une société de location de voitures à formuler une grande idée. En fait, j'ai réalisé que cette société avait plutôt besoin d'un conseil à destination des employés placés au contact de la clientèle : un spot publicitaire de dix secondes.

Je suis arrivé à cette conclusion après avoir parlé à Andrew Harrison, le directeur de l'une des divisions de la société, spécialisée dans les locations à l'étranger. Il m'a expliqué ce que proposait sa société. Vous prenez une voiture à Lisbonne, par exemple, et vous la rendez à Amsterdam – ou à peu près n'importe où en Europe de l'Ouest. Deux ans auparavant, la société de location avait fait appel à un consultant pour développer un plan de mission. Après une analyse du métier, des conversations avec les responsables et les employés et des tonnes de recherches, il rendit son rapport. Le plan de mission – qui avait été imprimé et adressé à toutes les agences à travers le monde – se présentait comme suit : « *Pour nos très chers clients, nous nous engageons à offrir nos produits et services au meilleur rapport qualité-prix. Nos prix et la qualité de nos produits et services sont – et resteront – les meilleurs.* »

Andrew le résuma de cette façon : « *En quoi ce baratin m'aide-t-il à expliquer qui nous sommes et pourquoi nous nous distinguons ? Je veux être sûr que si je vois le président du Club Med dans un bar, je peux me diriger vers lui et*, toc, *lui dire ce que je fais, pour qui je le fais, et en quoi cela améliore sa vie. Net, clair et précis. Tout le contraire de ce truc.* »

Votre spot publicitaire doit immédiatement traduire ce que vous faites et pourquoi c'est important pour votre interlocuteur.

Vous avez sûrement déjà vu un spot publicitaire de trente secondes à la télévision. C'est si long que vous pouvez vous levez pour aller vous servir dans le frigo, sortir le chien, remettre une bûche dans la cheminée ou vous recoiffer. Andrew voulait un exposé clair indiquant en quoi son travail consistait effectivement, ses avantages concurrentiels, les personnes qu'il pouvait aider et de la façon dont il participait au bon fonctionnement du monde. En outre, il souhaitait y consacrer aussi peu de temps que possible : l'exposé devait durer deux minutes, ces fameuses deux minutes au cours desquelles se forme la première impression d'un interlocuteur.

C'est exactement ce que permet un spot publicitaire de dix secondes. On peut l'utiliser pour prendre des contacts lors d'un cocktail, d'un salon commercial, d'un déjeuner d'affaires ou dans un ascenseur. Un tel spot explique à votre interlocuteur ce que vous pouvez lui offrir. Ce n'est pas un boniment de vendeur mais une courte présentation engageante et subtilement formulée, avec une accroche et un contenu, sans aucune obligation d'achat.

J'ai demandé à Andrew et à ses collègues ce qu'ils avaient compris. Les réponses ne se firent pas attendre : « *Et les routes européennes ?* » dit l'un, « *Et les hôtels et les restaurants tout le long du chemin ?* » ajouta une femme à sa gauche, « *Et la flexibilité ?* » renchérit un troisième, « *La liberté : la liberté de prendre son temps sans contrainte* » dit Andrew. Ça fonctionnait. La fiabilité, la météo, les douanes et le passage des frontières vinrent ensuite.

« *Attendez !* » : Je les interrompis en pointant les mots et les phrases inscrits au tableau : « *Voici une idée : flexibilité et liberté... 24 heures sur 24. Que diriez-vous d'un spot de dix secondes qui dirait :* "Nous offrons aux voyageurs la liberté d'explorer l'Europe 24 heures sur 24" *?* » Comme tout bon spot publicitaire, il permettait quelques adaptations selon les circonstances. Les suggestions arrivèrent : « *Pour un voyage de noces, nous pourrions dire :* "Nous offrons aux voyageurs la liberté d'explorer l'Europe selon leur cœur" ». « *Pour un voyage organisé,* "Nous offrons aux voyageurs la liberté de circuler dans toute l'Europe 24 heures sur 24" ». L'enthousiasme était perceptible autour de la table, signe que nous tenions certainement quelque chose.

Vous pouvez faire la même chose et créer votre propre spot publicitaire, pour vous-même ou votre entreprise. Commencez par vous demander ce que votre entreprise ou association a compris avant les autres. Minolta dit qu'ils comprennent la vie de bureau, Marriott l'amitié, Interflora l'amour. Identifiez ce que, selon vous, votre société comprend le mieux, puis demandez-vous ce qu'en pensent vos clients et interrogez-les sur cette question.

Le spot publicitaire doit amener les gens à demander : « Dites m'en plus ».

Contrairement à la grande idée, le spot publicitaire n'implique pas la fameuse question : « *Suis-je en train de le faire ou pas ?* ». À sa place, le spot publicitaire doit engendrer une question brûlante chez votre interlocuteur : « *Quoi donc ?* » ou « *Dites m'en plus* ». Voici ce qui caractérise un bon spot publicitaire.

De même qu'une grande idée requiert une bonne formulation pour générer la motivation, montrer la direction et personnaliser l'entreprise, un spot publicitaire de dix secondes permet à votre entreprise de franchir une étape supplémentaire

– vers les gens – de façon rapide, efficace et stimulante. S'agissant du lancement de votre grande idée sur le marché, la bonne idée vient d'abord, puis la grande idée et enfin le spot publicitaire.

EXERCICE

VOTRE SPOT PUBLICITAIRE DE DIX SECONDES

Formulez une phrase brève résumant ce que vous faites, pour qui vous le faites et comment cela améliore la vie de vos clients, incluez-y les avantages qu'ils en retirent.

Qu'avez-vous compris ? Qu'offrez-vous ? Qu'en pensent vos clients ? Si vous gérez un restaurant à la mode, vous pensez que vous avez compris la nourriture, le service et le décor. Pourtant, vos clients pensent eux que vous avez compris l'amour. Donc vous devez parler à l'imagination et à l'émotion.

Posez-vous la question de vos avantages. Listez ce qui est important pour vos clients, ce qu'ils veulent et ce que vous leur offrez.

Votre spot doit avoir trois parties :
- Que fais-je ?
- Pour qui le fais-je ?
- Comment cela améliore-t-il la vie de mes clients ?

Cela s'appelle un spot publicitaire parce que vous devriez être en mesure de le formuler en dix secondes. Il doit être bref et aller droit au but. Affinez-le jusqu'à ce que tout le monde réponde, après l'avoir entendu : « *J'aimerais en savoir plus* ».

En bref...

La grande idée

Une bonne idée se transforme en grande idée grâce à une formulation habile : une explication simple, courte et facile à mémoriser, des raisons pour lesquelles l'entreprise existe et des avantages qu'elle comporte.

La grande idée :

• peut donner une personnalité à une entreprise. Elle doit être facile à retenir, traduire l'esprit de votre société et montrer à tous une voie unique ;

• ne se réfère pas directement à un produit ou un service, mais à ce que fait l'entreprise. Elle découle de la vraie nature de votre métier ;

• doit déclencher le fameux mantra : « Suis-je en train de le faire ou pas ? ». Elle doit constituer le premier paramètre dans la prise de décision d'un employé face à un client ou un collègue.

La grande idée personnelle

La formulation d'une grande idée personnelle peut donner à votre vie professionnelle une direction plus nette et une signification plus profonde. Elle traduit la valeur et l'essence de ce que vous faites. Elle doit avoir un sens pour vous.

Le spot publicitaire de dix secondes

Un spot publicitaire de dix secondes explique à vos interlocuteurs la valeur de ce que vous faites, de manière à ce qu'ils aient envie d'en parler avec vous. Une fois ce spot délivré, votre interlocuteur doit être si intrigué qu'il ajoute « *Dites m'en plus !* » plutôt que « *Ah bon* ».

- Un spot publicitaire comporte trois parties : ce que vous faites, pour qui vous le faites et comment cela améliore la vie de vos clients.

- Votre spot publicitaire doit être court et aller droit au but.

CHAPITRE 8
TROUVEZ VOTRE STYLE

Mon ancien mentor F. X. Muldoon a formulé l'importance du style en termes extrêmement simples : « *Portez de beaux vêtements et votre auditoire augmentera* ». Pourtant, nous sommes fréquemment si peu sûrs de notre apparence ou de notre goût – ou nous y sommes tellement indifférents – que nous ne cherchons pas à améliorer notre garde-robe, ou nous le faisons trop tard. Et la première impression que nous donnons n'est pas fantastique.

Vous pouvez tirer un avantage professionnel en créant un lien entre la façon dont vous vous habillez et la façon dont vous travaillez. Quand les gens vous rencontrent, ils répondent à votre attitude, c'est-à-dire au message tacite que vous diffusez en entrant dans la pièce. Une partie de ce message réside dans votre style ou dans votre absence de style. Votre style actuel est vraisemblablement le fruit des influences de votre famille, de vos pairs, de vos héros, voire des stars que vous admirez. Il est aujourd'hui temps d'analyser ce que révèle votre style sur vous-même et de vous assurer qu'il envoie un message qui vous avantage.

Accessible ou autoritaire ?

J'ai travaillé sur des milliers de publicités pour des créateurs de mode célèbres et j'ai fréquemment discuté de l'apparence que nous recherchions en termes d'alternative autoritaire/accessible, ou d'un mélange des deux. Ces paramètres constituent les pôles nord et sud de la première impression. L'élaboration d'une identité professionnelle visant à donner une puissante première impression doit prendre ces mêmes limites en compte.

Il existe entre ces deux extrêmes – accessible ou autoritaire – un large espace fertile pouvant nourrir un style professionnel efficace. Un tel style peut ou non suivre la mode du moment, mais doit toujours exprimer votre indépendance et votre assurance. Porter de beaux vêtements avec assurance peut influencer de façon positive une recherche d'emploi, une promotion future ou la conclusion d'un contrat de plusieurs millions.

Comme vous le savez, que vous entriez dans une pièce pour saluer un nouveau collègue ou que vous fassiez une présentation devant l'ensemble des employés de votre société, les gens voient en premier lieu votre attitude. Immédiatement après, ils voient votre style, c'est-à-dire votre aspect général. (Bien entendu, ces deux éléments ne sont pas indépendants : votre attitude influence votre aspect.)

Considérés ensemble, votre attitude et votre aspect général forment vos références. Votre rapport autoritaire/accessible détermine la manière dont vos interlocuteurs répondront initialement quand vous en viendrez à vous exprimer. Imaginez une échelle allant du blue-jean (le pantalon du peuple) à des vêtements sur-mesure très onéreux (la crème de la crème). Il est évident que vous n'avez pas à choisir entre ces deux extrêmes. La plupart des gens choisissent un compromis confortable combinant ces deux pôles. (Rappelez-vous comment j'ai mélangé un haut autoritaire avec un bas accessible lorsque j'allais à la rencontre de parfaits inconnus pour l'article du *New York Times*.)

Par exemple, un homme ayant une attitude *sérieuse* qui porte un complet sombre offre une apparence d'autorité incontestable. Si vous y ajoutez une paire de bretelles rouge écarlate, cet homme d'affaires devient immédiatement plus accessible. Pourquoi en suis-je convaincu? Qui va se méfier de Larry King s'il fait tenir ses pantalons avec des bretelles publicitaires? Elles lui donnent l'air du gars sympathique qu'il est.

Assurez-vous que vos vêtements transmettent le bon message.

Une femme peut également présenter la même façade autoritaire en portant l'uniforme de la femme d'affaires moderne: un tailleur sombre et des chaussures à talons moyens. Mais elle se montrera plus accessible en y ajoutant une touche de couleur, grâce à un foulard ou un bijou fantaisie.

Mode et SIC

Imaginons que vous désiriez améliorer votre apparence. Savez-vous comment choisir les vêtements et accessoires appropriés? Regardez-vous vos semblables? Observez-vous votre patron? Parcourez-vous les magazines de mode? Quelle est la recette de base pour trouver ce qui marche?

DES VÊTEMENTS GAGNANTS

L'apparence compte-t-elle vraiment ? La réponse est oui. Votre image a une réelle influence sur votre carrière et, que vous le vouliez ou non, votre garde-robe joue un rôle important durant les deux premières minutes au cours desquelles vous vous efforcez de nouer un contact.

Créer la première impression que vous recherchez n'est qu'une affaire d'imagination. Muldoon m'a dit : « *Habille-toi en fonction du boulot que tu recherches – pas du boulot que tu as. Laisse ton patron t'imaginer faisant d'importantes présentations, plutôt que recouvrant des créances par téléphone. Utilise tes vêtements pour dévoiler ta personnalité avec style.* »

Votre style personnel continuera à exercer une influence puissante sur votre avancement professionnel parce que nous jugeons un livre à sa couverture, même si nous n'en connaissons pas l'auteur. En d'autres termes, Coco Chanel, la grande dame de la mode, disait : « *Quand quelqu'un est mal habillé, vous remarquez ses vêtements ; mais s'il est vêtu impeccablement, vous le remarquez lui* ».

Vous pouvez commencer par vous poser quelques questions SIC : Où désiré-je me situer sur l'échelle autoritaire/accessible ? (Le centre n'est pas un bon choix ; allez du côté de l'autorité.) Que doivent évoquer mes vêtements aux autres ? Est-ce que je souhaite être un vrai caméléon ? Mon apparence générale doit-elle souligner un aspect particulier de ma personnalité ? Ma garde-robe actuelle satisfait-elle ce but ? Tenez compte de vos caractéristiques physiques et assurez-vous qu'elles sont compatibles avec l'apparence que vous recherchez.

En second lieu, faites preuve de bon sens. Lisez les magazines de mode et consultez les parutions internationales, surtout les françaises, les anglaises et les italiennes. Elles présentent en général des vêtements plus chic que ce que nous portons habituellement, mais elles peuvent vous donner quelques notions de style. Cherchez des articles qui correspondent à l'image que vous vous êtes créée.

Troisième étape, entrez en relation avec des gens : discutez avec des amis ou des proches attentifs à la mode. Demandez conseil à ceux dont vous admirez le goût. (Attention, si vous vous adressez à vos proches, assurez-vous de solliciter ceux qui accepteront de vous voir changer. Il est possible que certaines personnes souhaitent votre réussite, tout en craignant que vous abandonniez l'image qu'ils aimaient.) Si aucun membre de votre entourage ne peut faire l'affaire, louez les services d'un consultant, ou allez dans une boutique (même sans acheter) pour essayer des vêtements et recueillir des avis, de nombreux avis. Beaucoup de grands magasins de luxe offrent les services d'acheteurs professionnels qui agissent un peu comme des stylistes de mode, en vous aidant à trouver le bon look. Quand ils vous connaissent, ils vous font gagner du temps. Ils choisissent pour vous trois à cinq ensembles à l'avance. Leur mission consiste à vous mettre à votre avantage et à écarter toute image qui ne vous conviendrait pas. En plus de vous offrir une nouvelle apparence, ils peuvent aussi vous aider à assortir et renouveler votre garde-robe existante. Par ailleurs, vous devez trouver et développer de bonnes relations avec le meilleur coiffeur et le meilleur chausseur de votre ville.

Envisagez l'achat d'une mallette ou d'un sac à main de grande qualité. Un accessoire adéquat peut vous faire paraître mieux habillé que vous ne l'êtes.

Changer de look impose de faire quelques dépenses. Il s'agit d'un investissement pouvant donner un coup de pouce à vos actions personnelles. Choisissez des vêtements qui tombent parfaitement et avantagent votre silhouette. Préférez des couleurs qui vous donnent bonne mine et vous font paraître vif et enthousiaste. Élaborez un style soulignant votre personnalité et votre potentiel. Si vous ne pouvez vous offrir les articles les plus chers, optez pour les accessoires. Procurez-vous, dans la mesure du possible, les plus beaux porte-monnaie et attachés-cases, et les plus belles écharpes et chaussures. Quand je photographie des articles de qualité moyenne, j'utilise fréquemment des accessoires beaucoup plus onéreux que les vêtements eux-mêmes, et cela fait la différence. Des accessoires adéquats peuvent vous faire paraître beaucoup mieux habillé que vous ne l'êtes en réalité.

Exercice

Trouvez votre style

Que dit votre apparence actuelle sur vous ? Votre image professionnelle reflète-t-elle ce que vous voulez être ? Posez-vous les sept questions suivantes sur votre look au bureau.

1. Avez-vous l'air professionnel ?

L'attention que vous portez aux détails vous donne l'air professionnel. Souvent, si vous avez l'air professionnel, vous vous sentez professionnel. Dans beaucoup de cultures d'entreprise, avoir une tenue impeccable est considéré comme l'attribut du battant. Je vous livre un truc : la façon la plus sophistiquée de s'habiller est de choisir une tenue monochrome. La preuve : Giorgio Armani a construit sa fortune en habillant les gens de cette manière. Il est apaisant de porter différents tons d'une même couleur.

2. Votre maintien général correspond-il à votre garde-robe?

Vos cheveux sont-ils propres et bien coupés? Vos ongles sont-ils nets et soignés? Mettez-vous trop de parfum ou d'eau de toilette? Pire, omettez-vous d'utiliser un déodorant? N'oubliez pas que la simple odeur de tabac (que vous fumiez ou non) peut vous être fatale.

3. Vos chaussures envoient-elles le bon message?

Les chaussures sont la première chose que les hommes regardent chez les femmes, et vice versa. Les vôtres sont-elles éculées, râpées, sales ou démodées? Vont-elles avec vos vêtements? Adressent-elles un message? Mes chaussures rouges ajoutaient une note d'humour à un style par ailleurs très sobre.

4. Vos vêtements sont-ils démodés?

Certains vêtements se démodent plus vite que d'autres. Vous pouvez jouer la carte de la sécurité en adoptant une garde-robe indémodable – pull en cachemire ou costume sombre – ou choisir de suivre la mode. Rappelez-vous simplement que, si vous retenez la deuxième solution, vous devrez changer fréquemment de garde-robe. En matière professionnelle, des vêtements démodés font de *vous* quelqu'un de démodé.

5. Vos vêtements sont-ils correctement entretenus?

La clef réside dans l'attention aux détails. Vos vêtements sont-ils correctement entretenus? Vérifiez qu'ils ne sont pas tachés, qu'aucun bouton ne manque et que vos ourlets ne sont pas approximatifs. Vos souliers sont-ils cirés? Les porteriez-vous à la télévision, en gros plan?

6. Vos vêtements sont-ils trop voyants?

Vos interlocuteurs parviennent-ils à se concentrer sur vos idées sans être perturbés ou accablés par la splendeur de vos vêtements? Quel message global votre tenue transmet-elle à votre entourage?

> **7. Votre garde-robe prête-t-elle le flanc à la critique ?**
>
> Vos vêtements tombent-ils correctement ? Sont-ils trop grands ou trop petits ? Peut importe la taille, pourvu que ce soit la vôtre. Paraissez-vous propre ? Avez-vous pensé aux détails ? Êtes-vous vêtu avec goût et votre image est-elle en harmonie avec votre personnalité et vos idées ?
>
> Rappelez-vous que vos vêtements en disent long sur vous. Investissez dans une garde-robe avec le même soin que vous gérez vos économies. Cet investissement vous rapportera.

Jouez votre rôle

Deux ans après mes aventures londoniennes avec Francis Xavier Muldoon, je partis à Cape Town, en Afrique du Sud, pour mon premier reportage pour *Cape Times*, le quotidien local. J'avais été recruté pour vendre de l'espace publicitaire concernant des « projets spéciaux » – un euphémisme pour « secteurs à problèmes ». Riche des enseignements de mon maître anglais, j'étais assez optimiste quant à mon avenir. Suivant le conseil de F. X. Muldoon, j'avais investi dans une garde-robe professionnelle : je ressemblais davantage à mon patron qu'à mes collègues !

Le premier jour fut mémorable. Mon patron, M. Eckerman, m'appela dans son bureau pour me parler de ma première mission. Il sortit un magazine de son tiroir et me le tendit : « *Deux fois par an, nous sortons ce supplément consacré à la mode, mais les acheteurs d'espace publicitaire semblent ne pas l'apprécier. Je veux que vous découvriez pourquoi* ».

Ma réponse fut impétueuse et enthousiaste : « *Je peux vous le dire tout de suite : les photos sont horribles. Je pourrais en faire de meilleures.* »

Trouvez votre style / 161

« *Vous croyez?* » me demanda-t-il en me regardant droit dans les yeux.

Je ne flanchai pas et répondis : « *Oui* ».

Il fit la moue, opina, caressa sa moustache... et ce fut le début de vingt-cinq ans de carrière dans la photographie de publicité et de mode : « *OK, vous prenez le relais* ». Tout simplement.

Bon sang! Dans quoi m'étais-je lancé? Je ne connaissais absolument rien à la photographie. Je n'avais même pas d'appareil photo. Fort heureusement, avant que je ne déprime complètement, Francis Xavier me vint en aide : « *Trouve les meilleurs possibles* ».

Avec l'aide du directeur des pages mode du journal, je découvris les meilleurs mannequins de la ville, les meilleurs coiffeurs, les meilleurs maquilleurs, les meilleurs stylistes (ceux qui habillent et accessoirisent le talent) et un photographe expérimenté possédant son propre studio. Avant de le rencontrer, je n'avais jamais mis les pieds dans un studio de photo.

J'avouai mon inexpérience à la styliste et elle me confia discrètement l'ensemble des trucs qu'elle avait pu observer auprès des photographes. Je tirais la plupart de mes connaissances sur la photographie de mode du film *Blow Up* de 1966, mettant en scène un jeune photographe de mode plutôt miteux qui circulait en Rolls-Royce dans Londres et photographiait des modèles délirants dans son studio. Une fois encore, j'adoptai le comportement du caméléon. Je m'habillai comme le type de *Blow Up*, fis ce que la styliste m'avait dit et tout le monde pensa que j'en savais beaucoup plus qu'en réalité. Je me mis dans l'ambiance (en adoptant une attitude malicieuse) et déterminai rapidement ce que je voulais. Je dis aux mannequins où se placer et les mis également dans l'ambiance : l'attitude est contagieuse. Je pris même quelques photos sous la direction du photographe.

Ce jour-là, nous fîmes vingt-quatre prises dont cinq à l'extérieur. Dans certaines, les mannequins semblaient plus élégants et autoritaires ; dans d'autres, ils paraissaient plus informels et accessibles. J'appris que des vêtements ajustés, pour homme ou femme, pouvaient donner aux mannequins un air important, crédible et persuasif, tandis que des vêtements plus informels les faisaient paraître plus accessibles, coopératifs et détendus. Bien entendu, les mannequins adaptaient leur attitude à l'ambiance recherchée.

Tous les professionnels accomplirent leur mission. J'appris sur le tas en indiquant aux mannequins où se placer et que ressentir. Quand vous prenez des photos, vous ne pouvez pas demander aux gens d'avoir « l'air heureux » ou « l'air important » ; vous devez faire en sorte qu'ils soient heureux ou conscients de leur importance. Je découvris que j'étais plutôt doué pour ça : je me mettais dans leur peau et recourais à des processus de synchronisation grâce au langage corporel. « *Mm, comme ça... L'épaule ici, comme ça.* » J'utilisais aussi ma voix : je répétais : « *super !* » d'un ton enjoué, puis torride, ou encore extravagant.

Quand le supplément de seize pages parut le samedi suivant, un petit encart au centre de la une indiquait : « Photos de Nick Boothman ». Quoi ! D'accord, je n'avais pas pris toutes les photos, mais j'avais tout organisé et c'est grâce à moi que le supplément était paru.

Pourquoi est-ce que je vous raconte cette histoire ? Pour vous montrer qu'il existe un lien entre attitude, personnalité et aspect général. Lorsque tous ces facteurs sont en harmonie, ils adressent un message puissant d'assurance, et cette assurance engendre des choses positives. Quand je suis entré dans le bureau de mon patron pour la première fois, je me sentais éclatant et je transpirais l'assurance qui accompagne ce sentiment. Au cours de la prise de vue, mes vêtements accrurent l'assurance dont j'avais cruellement besoin au regard de mon inexpérience. En outre, j'appris ce jour-là combien les vêtements et l'attitude influencent la manière dont les gens vous perçoivent. Un même mannequin prenait une apparence totalement différente selon les vêtements qu'elle portait ou les postures qu'elle adoptait. Pour résumer : habillez-vous de manière à vous sentir au mieux de votre forme et à avoir l'impression que vous pouvez conquérir le monde.

Devriez-vous changer d'image ?

Scott, l'un de mes amis, changea de métier pour devenir agent immobilier. Il me confia qu'il n'avait eu aucun problème pour obtenir sa licence, mais qu'il ne parvenait pas à inciter les gens à lui confier la gestion de leur propriété : « *Comment faire pour que les gens me fassent confiance ?* ». Scott avait investi dans ce projet près d'un an de sa vie et une somme d'argent considérable pour obtenir les autorisations requises. Je lui suggérai de consacrer deux semaines, et une somme d'argent supplémentaire, à l'amélioration de son image.

Tout d'abord, nous discutâmes de l'alternative autoritaire/accessible. Une personne qui désire vendre sa maison ne fera confiance à un inconnu que si celui-ci donne l'impression (image, son, sentiment, odeur et goût) de savoir ce qu'il fait. Il doit faire preuve d'autorité mais doit également être accessible ; ses clients doivent pouvoir lui parler facilement. Nous parcourûmes les questions figurant en pages 158-160, afin de déterminer le message que Scott souhaitait transmettre à travers son style personnel.

Scott avait déterminé qu'il voulait susciter la confiance et le respect, mais il ne savait pas exactement quelle apparence adopter. Nous envisageâmes les différents looks qui pouvaient lui convenir et en dégageâmes plusieurs idées. Ensuite, Scott, très motivé, proposa d'essayer un style différent par jour, pendant une semaine, sachant que chacun de ces styles devait être adapté à son image professionnelle. Lundi, il adopta une apparence plutôt « sport », mardi, il essaya « Wall Street », mercredi, « Harvard », jeudi « campagne » et vendredi, il choisit « poète ». Nous décidâmes qu'il lui appartenait de trouver les vêtements, mais que ceux-ci devaient être de qualité.

Scott se procura des magazines, parla avec des vendeurs de vêtements et consacra un peu d'attention à sa coupe de cheveux, à ses chaussures et à ses accessoires. De plus, il accepta de méditer seul quelque temps sur la façon dont son image, sa voix, ses émotions et son odeur seraient affectés par chacun des styles retenus. (L'appel à sa propre imagination constitue une part importante du processus de prise de contact avec la personne que l'on souhaite être.) Je fournis à Scott la liste des attitudes vraiment utiles (*chaleureuse, enthousiaste, confiante*) et vraiment inutiles (*impolie, vaniteuse, impatiente*) et lui demandai d'établir un lien entre une ou deux attitudes utiles et les styles qu'il avait choisis. Cela devait l'aider à définir et à caractériser chacun de ces styles. Outre cette recherche, la méditation et le shopping, Scott accepta de maximiser l'impact de cette « semaine de styles » en travaillant encore un peu plus que d'habitude. Il était déjà très courageux et déterminé, mais il était décidé à jouer son va-tout au cours de cette semaine.

Je lui demandai de retenir chaque jour la manière dont il se sentait et le type de réponses qu'il obtenait des autres. Je voulais qu'il prête spécialement attention aux moments où il sentait que les gens le prenaient au sérieux et lui faisaient confiance. La preuve de son succès viendrait de l'accroissement de sa clientèle. Nous convînmes de ne pas nous contacter avant qu'il n'ait obtenu des retours concrets.

Il m'appela quelques semaines plus tard ; je notai immédiatement l'enthousiasme de sa voix. Je pris quelques notes alors qu'il me disait que le style « campagne » (pantalon de velours, pull et veste en tweed) lui allait comme un gant. (Ce n'était pas vraiment une surprise puisque Scott était, comme vous pouvez l'imaginer, un kinesthésique.) Il me dit qu'il s'était toujours senti mal à l'aise et coincé en complet veston, et qu'il lui semblait être en vacances lorsqu'il portait des vêtements informels. En revanche, m'annonça-t-il triomphalement : « *Avec le style campagne, j'ai immédiatement touché au but !* » (langage kinesthésique).

Il découvrit que son nouveau style de vêtements avait changé son mode de pensée et de fonctionnement, pas seulement vis-à-vis des clients, mais également avec ses collègues et (pour son plus grand plaisir) au cours des négociations avec d'autres agents. Auparavant, il lui était arrivé de se sentir mal à l'aise et démuni face aux joutes intellectuelles pratiquées par certains agents expérimentés. Aujourd'hui, son nouveau style lui conférait un air d'autorité affable qui lui faisait défaut auparavant et qui cachait son inexpérience et son manque d'assurance : « *Je ne suis pas aussi transparent qu'avant. Les gens me prennent plus au sérieux* ».

Depuis cette transformation, Scott avait bouclé six affaires et changé de bureau : « *J'ai l'impression d'être passé au niveau supérieur et que les gens me remarquent* », me dit-il.

Il n'est pas nécessaire d'aller aussi loin que Scott pour trouver l'image qui vous convient. Si vous pensez pouvoir vous accommoder d'un petit ravalement, essayez l'exercice ci-dessous.

EXERCICE

REGARDEZ VOTRE IMAGE

Identifiez deux ou trois mots décrivant parfaitement l'image que vous aimeriez projeter : créative, moderne, fiable, conservatrice, audacieuse, directe, progressiste, traditionnelle, professionnelle, amicale, etc. Passez un peu de temps dans une librairie proposant des magazines de mode américains, anglais, français et italiens. Pensez à des formes, des couleurs et des matières.

Maintenant, imaginez-vous dans cinq ans, bien engagé sur la route de la réussite. Vous allez créer un « souvenir futur », un moment à venir durant lequel vous connaissez le succès. Vous êtes peut-être dans votre jet privé, en route pour ouvrir un autre restaurant à Tokyo. Peut-être êtes-vous en train de prendre un petit déjeuner en riant avec vos enfants et en songeant à prolonger votre week-end. Le tableau que vous imaginez doit être cohérent : si vous vous visualisez en instituteur, il y a peu de chance que vous voyagiez en jet privé. De même, il semble improbable que vous soyez croupier dans un casino, si vous avez trois enfants en bas âge à la maison.

Ensuite, transposez-vous dans la chambre de votre future maison. Ouvrez votre future armoire. Elle est vide. Vos vêtements n'ont pas encore été livrés. Fermez les yeux et observez le symbole de réussite que vous êtes devenu. Posez-vous quelques questions : Comment saurai-je que j'ai réussi ? Quel aspect, quel son, quel goût, quelle odeur le succès aura-t-il ? Que ressentirai-je ? Qui m'accompagnera ? Qu'est-ce qui changera dans ma vie grâce à ce succès ? De quoi aurai-je l'air ? De quoi voudrais-je avoir l'air ? Commencez à remplir mentalement votre armoire. Ouvrez les yeux. Il est temps de faire le premier pas vers votre nouvelle image.

Vous pouvez commencer tout de suite. Déterminez d'abord où vous souhaitez vous placer sur l'échelle autoritaire/accessible. Ensuite, décidez si vous vous sentez mieux dans un style formel ou informel. Gardez en tête les exigences et les conventions de votre profession. Quand vous êtes prêt pour l'étape suivante, appelez les professionnels.

Qui se ressemble s'assemble

Avez-vous noté que certaines des personnes que vous rencontrez dans votre métier préfèrent se donner une *image splendide*, tandis que d'autres semblent désirer *envoyer un message* à travers leurs vêtements, et que d'autres encore s'habillent plutôt pour *se sentir à l'aise* ? Et oui, il s'agit encore de la distinction entre visuels, auditifs et kinesthésiques.

Encore mieux, vous allez probablement découvrir que si vous avez besoin d'une image impeccable, vous serez à l'aise, en privé comme au bureau, avec des gens qui s'habillent comme vous. De même, les individus portant des vêtements fluides, faits de belles matières, ou simplement confortables, seront attirés par des gens vêtus pareillement. Et ils découvriront sans doute qu'ils ont d'autres choses en commun. Quant à ceux qui s'expriment grâce à leur garde-robe, ils seront aisément inspirés par un interlocuteur semblable.

Votre apparence est comme un uniforme sensoriel qui attire d'autres personnes partageant les mêmes préférences sensorielles. Mais attention, ne vous méprenez pas en croyant que vous avez de bonnes capacités relationnelles simplement parce que vous vous entendez bien avec vos semblables : les aigles avec les aigles, les pingouins avec les pingouins, les dindes avec les dindes, voici le chemin inconscient d'un demi-succès.

Si vous souhaitez vraiment connaître le succès, vous devez apprendre à établir une relation avec des gens qui ne vous ressemblent pas vraiment et ne goûtent pas nécessairement vos préférences sensorielles. Socialement, les amis que nous choisissons partagent vraisemblablement nos goûts. Nos amis sont généralement des gens qui nous ressemblent et avec lesquels nous avons beaucoup de choses en commun, mais – et c'est le point important – nous *choisissons* nos amis. Dans la vie professionnelle, ce n'est pas le cas. Nous ne choisissons pas les gens avec lesquels nous faisons des affaires, et nous devons par conséquent nous adapter à ceux qui ne nous ressemblent pas. Oui, qui se ressemble s'assemble, mais ce qui est bon pour l'amitié ne l'est pas forcément pour les affaires.

Vous pouvez beaucoup apprendre sur le style de prise de contact des autres en décryptant les aspects sensoriels de leur apparence générale. Analysez ce que leurs vêtements vous disent sur leurs préférences sensorielles et utilisez-le à votre profit. Parlez-leur dans un langage qu'ils comprennent, répondez à leurs priorités.

Trouvez votre style / 169

L'apparence générale d'une personne vous en dit beaucoup sur elle. Repérez les signaux et utilisez-les pour établir une relation.

Si vous vous créez une apparence reflétant votre potentiel et vous conférant de l'autorité, vous améliorerez votre capacité à établir de nouveaux contacts professionnels de façon inattendue. Le style débute par une attitude utile et finit par une apparence utile. De même que vous devez cultiver l'harmonie entre votre langage corporel et vos paroles pour être perçu comme quelqu'un de sincère et digne de confiance, vous devez accorder de l'attention à l'harmonie entre vos caractéristiques physiques, votre personnalité et vos vêtements. Vous serez au meilleur de vous-même en termes d'action et de ressenti lorsque votre style reflétera le meilleur de vous-même. Souvenez-vous que vous êtes perpétuellement en train de communiquer, et que la validation d'une communication est la réponse obtenue. Ce schéma s'applique également à votre style professionnel. Notez la façon dont les gens vous répondent. S'ils ne vous donnent pas la réponse que vous souhaitez, alors changez votre manière d'agir (ou votre image) jusqu'à obtenir satisfaction.

Finalement, le style vient de l'intérieur. Il vient de la personne en vous que les autres ne peuvent voir. Votre style dérive de cette personne, et s'affine par votre manière de penser, d'agir et de réagir, de vous vêtir et de travailler. Habillez votre personnalité de façon à dévoiler votre potentiel. Créez un lien entre votre moi intérieur, vos capacités et vos compétences, et le monde extérieur dans lequel vous évoluez et gagnez votre vie. Faites-le de façon à asseoir votre autorité et à montrer que vous êtes accessible et crédible. Vous vous donnerez ainsi un avantage concurrentiel déterminant dans votre métier.

En bref...

Trouvez votre style

La première réponse de vos interlocuteurs dépend de votre attitude, c'est-à-dire du message que vous projetez. Une partie de ce message vient de votre style. Si vous souhaitez faire bonne impression, développez un style personnel exprimant l'indépendance et l'assurance.

- Un style professionnel efficace est un compromis entre autorité et accessibilité.

- Définissez l'image que vous souhaitez projeter. Posez-vous les questions suivantes : « Quel est mon style de personnalité ? Qu'est-ce que je veux communiquer à travers mes vêtements sur mes points forts et ma personnalité ? Ma garde-robe actuelle remplit-elle cette fonction ? »

- Habillez-vous en fonction du poste que vous souhaitez, pas du poste que vous avez.

- Souvenez-vous que, si vous êtes mal habillé, les gens remarquent vos vêtements, alors que si vous êtes bien habillé, les gens vous remarquent *vous*.

- Si vous décidez de projeter une image différente, faites des essais vestimentaires jusqu'à ce que vous trouviez l'apparence qui vous convient.

- Si vous avez besoin d'aide, songez à contacter un professionnel, consultant ou conseiller en image.

- Notez vos sentiments et la manière dont les autres vous répondent.

QUATRIÈME PARTIE

CONSTRUIRE UNE RELATION

Les autres constituent votre plus grande ressource. Nouez des relations et les personnes avec qui vous êtes en contact vous apporteront travail, motivation, promotion et toute forme de coopération. Abstenez-vous de le faire et ces mêmes personnes peuvent facilement vous tenir éloigné de la réussite que vous souhaitez.

Apprendre à établir avec succès des relations et un réseau, revient en quelque sorte à apprendre votre texte pour une pièce de théâtre. D'abord, le scénario vous attire. Ensuite, vous le divisez en petites parties que vous absorbez une à une, avec l'aide du metteur en scène. Une fois que vous avez mémorisé le texte et que vous vous sentez à l'aise dans le rôle, vous oubliez les consignes du metteur en scène, vous distillez vos propres ingrédients et vous laissez votre personnalité prendre les commandes.

CHAPITRE 9
OUVREZ UNE LIGNE DE COMMUNICATION

Avez-vous déjà remarqué que certaines personnes arrivant dans une réunion, une conférence ou une fête semblent être partout et avec tout le monde en même temps, au bout de quelques secondes seulement ? Cette aisance semble naturelle chez eux. Pour ces personnes, chaque événement mondain ou professionnel est l'occasion de rencontrer des gens, de constituer un réseau et d'étendre leur puissance professionnelle. Mais gardez confiance : ces occasions existent pour tout le monde.

Bien sûr, certaines personnes possèdent un sens du contact inné mais la capacité d'être à l'aise en société est une compétence que nous pouvons tous acquérir. J'ai divisé les capacités relationnelles, prétendument naturelles, de ces surdoués du contact en plusieurs étapes que chacun peut suivre.

Ces étapes s'appliquent à toutes les situations et facilitent vos relations, que ce soit lors d'une pause-café, d'une réunion avec de nouveaux clients, d'un séminaire industriel ou d'un salon commercial où vous ne rencontrez les gens qu'une ou deux fois par an.

Que vous voyiez quelqu'un pour la première fois ou pour la cinquième, la procédure expérimentée pour entrer en contact est, dans la majorité des cas, la suivante (je l'ai divisé en cinq parties).

1. Ouvrir.

2. Regarder.

3. Sourire.

4. Parler.

5. Synchroniser.

Chaque fois que c'est possible, levez-vous pour saluer quelqu'un. Si vous êtes au bureau, levez-vous et faites le tour de votre bureau pour accueillir vos visiteurs – clients, nouveaux collègues ou partenaires. Tout comme le fait d'orienter son cœur vers son interlocuteur, se lever pour accueillir quelqu'un est une façon d'éliminer les barrières et de vous ouvrir à la personne et à la conversation. Si, en revanche, vous laissez le bureau faire barrage entre vous et votre visiteur, celui-ci aura le sentiment de ne pas être reçu. Bien sûr, dans certaines circonstances, se lever n'est pas adéquat ; à vous d'analyser les situations.

Ouvrir : la première étape de l'accueil consiste à ouvrir votre attitude et votre corps. Pour que cela fonctionne bien, vous devez avoir adopté au préalable une attitude vraiment utile. Souvenez-vous des attitudes utiles dont j'ai fait la liste p. 75. Ressentez et soyez conscient de l'attitude choisie. Tournez votre cœur vers la personne que vous rencontrez et vérifiez que rien ne couvre votre poitrine – main, bras, bloc-notes ou autres accessoires de bureau. Je fais toujours attention à ce que mes mains soient visibles. Cela désarme la réponse inconsciente de fuite ou de combat de mon interlocuteur, en lui montrant que je n'ai rien à cacher.

Regarder : soyez le premier à initier le contact par le regard et notez immédiatement la couleur des yeux de l'autre personne.

Sourire : soyez le premier à sourire. Laissez ce sourire révéler votre attitude. Un large sourire traduit votre assurance, votre honnêteté et votre enthousiasme. (Si vous souriez avant de croiser le regard de l'autre, cela fonctionne aussi. Tout arrive en quelques secondes, alors soyez détendu et dévoilez votre attitude.)

Parler : que ce soit par un « *bonjour!* », un « *salut!* » ou un « *oh!* », saluez votre interlocuteur d'un ton engageant. S'il s'agit d'une première rencontre, présentez-vous d'abord : « *Bonjour, je suis Catherine!* », prenez l'initiative. Si une poignée de main est appropriée, échangez-la durant l'annonce des patronymes. Malheureusement, vos efforts pour saisir la main de l'autre, ni trop puissamment ni trop mollement, entraînent trop souvent une surcharge sensorielle et votre cerveau ne parvient pas à retenir ce que vos oreilles ont entendu : vous oubliez ainsi le nom de la personne que vous venez de rencontrer. Stop! Ralentissez un peu et écoutez attentivement le nom de votre interlocuteur.

Synchroniser : vous devez immédiatement synchroniser votre langage corporel et votre voix avec ceux de votre interlocuteur. Si vous vous adressez à plusieurs personnes, pivotez vers chacune d'elles, tour à tour – c'est ainsi que j'ai procédé quand je me suis mis en harmonie avec les cinq coursiers à vélo. Donc, synchronisez-vous avec chacun de vos interlocuteurs, ne serait-ce que pour quelques secondes.

Les règles de salutation s'appliquent même lorsque quelqu'un d'autre a pris l'initiative. Vous devrez là aussi adapter votre attitude, regarder l'autre dans les yeux, ouvrir votre langage corporel, répondre et vous synchroniser.

La poignée de main

Les clichés contiennent souvent une part de vérité. Ainsi lorsque vous serrez la main de quelqu'un, celui-ci juge aussitôt votre caractère et votre niveau de confiance. Une poignée de main doit être ferme, rapide et respectueuse, pas trop brutale et, en tout état de cause, pas trop molle. Si vous avez un doute : serrez un peu plus fort. (Si les yeux de l'autre personne commencent à rouler dans leurs orbites, vous y êtes sans doute allé un peu fort. Au contraire, s'il semble vouloir s'essuyer la main, vous lui avez probablement servi un bon plat de nouilles, beurk!) En définitive, la poignée de main ne doit pas faire oublier tous les efforts que vous avez faits pour vous présenter.

Faciliter la présentation d'autres personnes

Si vous devez présenter votre patron à un journaliste de vos amis, ou un client à quelqu'un qui peut améliorer son cycle de fabrication, ou un collègue à une personne qui peut aider ses enfants à intégrer une école, vous augmentez votre capital personnel. Plus votre expérience grandit en matière de présentations, plus l'on pensera que vous êtes doté d'aisance et de fortes capacités relationnelles. Maîtrisez les présentations car cela vous fera sortir du lot et les gens penseront que vous possédez une grande assurance.

Comme le dit F. X. Muldoon, « les présentations forment une part importante des affaires. Apprenez à les faire avec aisance et cela fera de vous un parfait professionnel. »

> **EXERCICE**
>
> Au cours des prochaines vingt-quatre heures, présentez-vous à cinq collègues que vous avez aperçus, mais jamais rencontrés. Alternativement, vous pouvez choisir dix personnes de votre paroisse ou cinq clients du bar d'à côté. Cela demande un peu de pratique, c'est tout. Faites l'effort et appréciez-en les conséquences. Plus vous pratiquerez, plus vous maîtriserez l'exercice. Et meilleure sera l'impression que vous donnerez.

Quand vous devez présenter quelqu'un, ne le faites pas attendre. Prenez les choses en main. Vous devez connaître son nom mais l'étiquette des affaires exige aussi que vous maîtrisiez la préséance. La personne la moins importante est présentée à la plus importante. Le sens est toujours le suivant : « *Monsieur le Président, je vous présente Michel Dupont* », jamais l'inverse.

En l'absence de considérations hiérarchiques, faites les présentations selon l'âge des personnes en présence. Si vous intervenez au sein d'un groupe et que vous y rencontrez un inconnu, prenez l'initiative en vous présentant, puis présentez cette nouvelle connaissance au reste du groupe.

Des informations gratuites

Les premières secondes de toute réunion sont riches en opportunités. Vous pouvez user de votre tendance naturelle à vous mettre en harmonie avec votre entourage et à refléter le comportement des autres de nombreuses façons, y compris en obtenant des informations gratuites.

Dans une situation professionnelle sous contrôle – par opposition à une rencontre fortuite avec des inconnus –, si vous dites : « *Bonjour !* », votre interlocuteur vous répondra probablement la même chose ou quelque chose d'approchant. Mais si vous serrez la main de ce dernier en disant « *Bonjour, je suis Edgar !* », vous vous attendez à ce qu'il vous réponde en vous donnant la même information. S'il vous répond simplement « *Bonjour !* » sans mentionner son nom, vous pouvez raisonnablement lui suggérer de vous en informer, soit par un coup d'œil interrogatif, tout simplement, soit par un dévastateur : « *À qui ai-je l'honneur ?* ».

LE JEU DU NOM

À mesure que les entreprises grossissent et atteignent une taille nationale, voire internationale, il devient incroyablement difficile pour la plupart des gens de se rappeler qui est qui, lors des réunions de groupe. Si vous croisez quelqu'un que vous avez déjà rencontré, mais dont le nom vous échappe, faites le premier pas et présentez-vous une nouvelle fois. Ravivez sa mémoire avec une petite phrase de ce type : « *Bonjour, je suis Catherine David. Nous nous sommes rencontrés récemment lors du séminaire Cougar. Cela me fait plaisir de vous revoir.* »

S'il s'agissait de sport, cela reviendrait à placer la balle dans l'autre camp. Soit votre interlocuteur sait qu'il est censé répliquer de façon similaire, et il le fera naturellement, soit vous devrez l'encourager à le faire. L'idée est de faire en sorte qu'il agisse comme vous. Vous pouvez ajouter toutes sortes de détails à votre propre présentation : « *Bonjour, je m'appelle Edgar. J'habite Paris et j'ai appris l'existence de ce séminaire dans* Le Monde. ». Les bases sont posées. Si votre interlocuteur ne vous répond pas avec des informations similaires, vous pouvez l'y encourager par quelques paroles adéquates ou un signe de tête. Vous finirez par obtenir des informations sur lui qui vous permettront de poursuivre la conversation et d'établir un vrai contact.

La recherche d'un terrain commun

La recherche d'un terrain commun est au cœur du processus d'établissement d'une relation instantanée. Nous aimons les gens qui nous ressemblent. Découvrir que nous partageons des intérêts semblables concernant les films, les vêtements, les vacances, les restaurants, les programmes télévisés, le football ou la chute libre revient à découvrir un lien mutuel qui engendre une familiarité de langage et d'expérience, et accroît le sentiment que nous connaissons déjà l'autre personne, que nous la comprenons et lui faisons confiance.

Plus vite vous trouverez des points communs avec les gens que vous rencontrez, plus vite la relation sera établie. Allez au-delà de considérations météorologiques : « *On dirait qu'il va pleuvoir...* » ou sportives : « *et le PSG...* », en recourant à des fragments de conversation personnelle ou professionnelle, afin d'élaborer un ordre du jour : « *Nous sommes en pleine restructuration de l'usine et nous passons notre temps à établir un calendrier. Cela vous a-t-il affecté ?* »

Pour trouver un terrain commun, posez des questions qui interpellent l'imagination.

Même si vous n'avez ni usine, ni quoi que ce soit en commun, le meilleur moyen de faire parler quelqu'un est de lui demander son opinion sur quelque chose. Si vous participez à un séminaire, demandez à un autre participant ce qu'il pense des transports, de l'hôtel, des horaires... (« *C'est votre premier voyage ?* », « *Quelle est votre première impression ?* », « *Que pensez-vous de la vue depuis le ponton ?* »). Vous avez le choix : la majorité des sujets peuvent lancer la conversation. Vous pouvez aussi lui poser les questions suivantes : « *Comment avez-vous débuté ?* », « *Qu'est-ce qui vous a fait choisir la vente ?* » ou « *Qu'est-ce qui vous a amené à la finance ?* » Tout le monde est prêt à raconter ce genre d'histoire, qui en outre débouche presque systématiquement sur une conversation suivie.

Dès que vous avez trouvé un terrain commun, vous disposez d'une direction et d'un élan, le niveau de confort augmente et vous pouvez commencer à vous détendre un peu.

Si vous ignorez cette étape, vous jouez avec le feu. Récemment, lors d'un séminaire, on m'a raconté une histoire horrible qui illustre parfaitement les différentes façons de rater plusieurs opportunités de prises de contact. Les acteurs en sont Lucinda, une jeune analyste ambitieuse travaillant dans une société de courtage, et Diane, une analyste plus expérimentée et très appréciée dans sa société. Lucinda a invité Diane à déjeuner dans l'espoir qu'elle l'aide pour une présentation importante.

« *Connaissez-vous la nourriture mongole ?* » demanda Lucinda à Diane, tandis qu'elles s'approchaient du buffet situé au centre du restaurant choisi par Lucinda. Sans donner à Diane la possibilité de répondre, elle continua : « *C'est tout à fait formidable. Laissez-moi vous servir...* ». Lucinda empila des monceaux de porc et de poulet crus sur l'assiette de Diane : « *Vous pensez peut-être que je suis goulue mais la nourriture réduit beaucoup une fois cuite* ».

« *Je suis déjà allée dans un restaurant mongol* », déclara Diane.

« *Êtes-vous déjà venue ici ?* » demanda Lucinda qui enchaîna : « *Les plus grandes stars dînent ici. Savez-vous qui j'ai vu dernièrement ?* ».

Elles revinrent à leur table et Lucinda parlait toujours. Pendant le repas, elle continua à parler nerveusement de différents restaurants, des célébrités qu'elle y avait vues, de la salle de gym où elle allait...

« *Et si vous me parliez de cette présentation ?* » l'interrompit Diane.

« *Je dois la faire dans deux semaines. C'est la mission la plus importante que mon boss m'ait confiée et je ne peux pas me permettre de la rater. J'espérais que vous pourriez me donner quelques tuyaux.* »

« *Pour qui est-ce ?* »

« *Je ne peux pas le révéler, c'est confidentiel* », dit Lucinda, en parcourant des yeux le restaurant comme si elle craignait une oreille indiscrète.

« *Vous ne pouvez pas me le dire ?* » répliqua Diane, incrédule.

Lucinda opina : « *Mon patron ne veut pas que j'en parle.* »

« *Une bonne présentation débute par une bonne connaissance de son public, alors si vous ne pouvez rien me dire comment espérez-vous que je puisse vous aider ?* » Diane donnait l'impression d'être prête à quitter la table.

« *Écoutez, tout le monde dit que vous êtes la meilleure pour ce type de présentation. Je pensais juste que vous pourriez me confier certains de vos secrets...* ». La voix de Lucinda faiblit quand elle vit le visage de Diane.

« *Ah, vraiment ?* » dit Diane en regardant sa montre. « *Vous voulez que je vous dise comment je pratique et ce que j'ai appris pour qu'un jour peut-être vous puissiez me prendre mon poste ?* »

Lucinda sembla réfléchir à ces paroles pendant un instant. Quand elle vit Diane regarder sa montre pour la deuxième fois, elle dit d'une voix faible : « *Si vous n'avez pas le temps aujourd'hui, peut-être pourriez-vous m'envoyer un e-mail ?* ».

Diane répondit, en demandant l'addition : « *Non, je ne pense pas.* ».

Moi, moi, moi : Lucinda était totalement centrée sur elle-même. Demander de l'aide la rendait nerveuse et elle essayait de masquer son malaise en parlant à tort et à travers, ce qui irrita vraiment la personne qui pouvait l'aider. Elle était tellement occupée par son bavardage qu'elle n'avait offert aucune possibilité à Diane d'établir un lien. Le fait que Diane soit également allée dans un restaurant mongol par le passé aurait pu constituer un pont vers un terrain commun. Il lui suffisait de rebondir en disant : « *Incroyable ! Qu'en avez-vous pensé ? Y êtes-vous allée récemment ?* ». Mais Lucinda n'avait pas saisi sa chance. Elle aurait pu également adopter une autre approche en admettant d'entrée de jeu son problème et en montrant sa vulnérabilité en disant quelque chose comme : « *Je souhaite vous demander quelque chose parce que je vous admire* », ou « *Puis-je vous dire un secret ? Je suis sur un projet magnifique et je suis un peu nerveuse. Vous savez ce que les cadres de la boîte disent : "Une femme est-elle capable de faire ce travail ?"* » ou encore « *Je connais bien ce domaine mais je suis paralysée quand je fais une présentation. Et vous, Diane, vous êtes une légende. Vos présentations sont les meilleures. Pourriez-vous m'aider ?* ».

Les deux femmes auraient pu devenir alliées, mais Lucinda fit une première impression désastreuse, n'utilisa aucune des informations qu'elle obtint, ne montra aucune souplesse et n'utilisa pas son imagination. Elle ne parvint pas à trouver un terrain commun avec son interlocutrice et rata sa prise de contact.

EXERCICE

À LA RECHERCHE D'UN TERRAIN COMMUN

Pendant une matinée, entraînez-vous à trouver un terrain commun avec des inconnus ou des gens que vous connaissez à peine. Essayez d'y parvenir en moins d'1 minute. Au cours de l'après-midi, faites-le en moins de trente secondes.

Posez des questions qui renvoient directement votre interlocuteur à son imagination. Il n'est pas nécessaire qu'elles soient extravagantes ou inhabituelles. Il faut juste qu'elles ne soient pas fermées. Par exemple, évitez : « *Êtes-vous déjà venu ici ?* »; demandez plutôt « *Que pensez-vous du lieu de ce séminaire ?* ». J'appelle ces questions des « *questions magnétiques* » parce que l'espace d'une seconde, les gens regardent dans le vide, tandis qu'ils cherchent la réponse. Une chose curieuse arrive à beaucoup d'individus quand ils ont recours à leur imagination sur votre demande : une sorte d'intimité se crée. C'est comme s'ils pensaient que vous pouvez voir, entendre, goûter et sentir les choses qui sont à l'intérieur de leur tête. Demandez à quelqu'un de vous raconter le dernier film vraiment drôle qu'il est allé voir et regardez son expression et son comportement changer.

Écoutez attentivement et observez comment les autres trouvent un terrain commun. Élaborez votre propre stock de questions. Il est impossible d'utiliser les mêmes questions pour tous vos interlocuteurs, parce que les être humains ont tous des sensibilités différentes. Mais vous serez surpris du nombre de personnes que vous pouvez toucher, avec trois ou quatre bonnes questions.

En bref...

L'ACCUEIL

Être à l'aise en société est plus facile à certaines personnes, mais tout le monde peut acquérir les compétences nécessaires pour créer des liens avec des inconnus. La procédure expérimentée et validée pour aborder les gens peut se diviser en cinq étapes :

- **Ouvrir.** Ouvrez votre attitude et votre corps. Orientez votre cœur vers celui de la personne que vous rencontrez.

- **Regarder.** Soyez le premier à établir le contact visuel. Prenez mentalement note de la couleur des yeux de votre interlocuteur.

- **Sourire.** Soyez la première personne à sourire. Laissez votre sourire traduire votre attitude et montrer que vous êtes confiant, honnête et enthousiaste.

- **Parler.** Accueillez la personne d'une voix chaude et amicale. Présentez-vous en premier : « Bonjour, je suis Catherine ! ». Prenez le contrôle. Entraînez-vous à retenir les noms.

- **Synchroniser.** Synchronisez votre langage corporel et votre voix avec ceux de votre interlocuteur.

LES PRÉSENTATIONS

Les présentations sont importantes dans le monde professionnel. S'en sortir avec aisance est la marque d'un professionnel accompli.

- N'attendez pas que l'on vous présente. Gardez les yeux ouverts et cherchez les opportunités de vous présenter.

- Chaque fois que c'est possible, levez-vous pour accueillir quelqu'un. Cette attitude permet d'éliminer les barrières entre vous et votre interlocuteur.

- Ayez une poignée de main ferme, rapide et respectueuse.

- Mettez les gens en contact en les présentant les uns aux autres. Soyez considéré comme un facilitateur accompli. Respectez les usages : présentez les personnes les moins importantes aux personnes les plus importantes.

LE TERRAIN COMMUN

Plus vite vous parvenez à trouver un terrain commun avec les personnes que vous rencontrez, plus la relation s'établira rapidement.

Utilisez la technique de l'information gratuite et posez des questions qui aiguillonnent l'imagination. Soyez curieux des autres.

Chapitre 10
Faites-les parler

Benjamin Disraeli devint membre du Parlement de Grande-Bretagne à trente-trois ans, et Premier ministre de ce pays à soixante-quatre ans. William Gladstone, libéral, quatre fois Premier ministre, était son principal opposant politique. Il était célèbre pour ses talents d'orateur.

Une jeune femme fut invitée à dîner successivement par Gladstone et Disraeli. Lorsqu'on lui demanda ses impressions sur les deux grands hommes, elle répondit : « *Après avoir dîné avec M. Gladstone, j'ai pensé qu'il était la personne la plus intelligente d'Angleterre. Après le dîner avec M. Disraeli, j'ai pensé que* j'étais *la personne la plus intelligente d'Angleterre.* ». Ces deux hommes éloquents et intelligents donnèrent deux impressions totalement différentes. Gladstone, fidèle à sa réputation a probablement passé la plupart du temps à parler de lui plutôt que de son invitée, alors que Disraeli a vraisemblablement adopté l'attitude opposée. Gladstone parla peut-être beaucoup plus que son invitée tandis que Disraeli s'assurait du contraire. Résultat : Disraeli avait construit une relation bien plus profonde et mémorable qu'un simple contact social ou professionnel.

Lors du dîner, Disraeli personnifia trois des attitudes vraiment utiles les plus charismatiques : l'*enthousiasme*, la *curiosité* et l'*humilité*, Gladstone, quant à lui, ne fit jamais preuve d'humilité. Avez-vous déjà regardé une émission durant laquelle le présentateur parle davantage que son invité? C'est pénible et ennuyeux. Les règles de base pour une prise de contact réussie sont assez proches de celles d'une interview : faites parler la personne, restez concentré, observez et écoutez attentivement, relancez et encouragez la conversation et assurez-vous que vous écoutez plus que vous ne parlez. Le meilleur résultat que vous puissiez obtenir est que votre client soit convaincu qu'il est la personne la plus intéressante que vous ayez jamais rencontrée.

Comment entretenir une conversation?

Dans les entreprises, la conversation est la colle qui fait tenir le tout. CNN a mené une enquête au niveau national sur le thème : « *Savez-vous tenir une conversation professionnelle ?* » Il y avait trois réponses possibles. Sur 3 537 réponses, 30 % des personnes ont choisi la réponse suivante : « *Je pourrais avoir une fabuleuse conversation avec une poignée de porte* », 48 % ont choisi : « *Parfois j'y arrive, mais il s'agit souvent de chance* » et 22 % ont opté pour : « *Résolument nul. Je suis paralysé et je bégaye* ».

Demandez-vous si les conversations auxquelles vous participez ont le rythme d'un match de tennis où la balle va et vient ou si elles ressemblent plutôt à un parcours de golf où plusieurs joueurs peuvent viser le même trou, mais ne se réunissent qu'au moment de la remise des prix. Si vous en avez assez de jouer seul, regardez autour de vous. Beaucoup de gens sont prêts à vous enseigner quelques rudiments de tennis.

J'ai été interviewé des centaines de fois et, dès que c'est possible, je demande à mon interlocuteur comment il fait parler ses invités. Qu'ils soient journalistes de presse écrite, de radio ou de télévision, mes interlocuteurs m'ont tous répondu la même chose : les questions, notamment les questions ouvertes, sont les clefs de la conversation. Elles entretiennent l'échange et permettent aux gens de s'ouvrir, alors que les questions fermées les incitent à se replier sur eux-mêmes. Les questions ouvertes parlent au cœur et aux émotions ; les questions fermées renvoient au cerveau et à la logique. Les questions qui débutent par « Qui », « Que », « Pourquoi », « Quand » et « Comment » font appel à l'imagination, celles qui commencent par « Êtes-vous », « Avez-vous », « Est-ce que » exigent une réponse logique entraînant un oui ou un non. Examinons ensemble l'exemple suivant :

Q : « *Es-tu allé au supermarché ?* »

R : « *Oui.* »

Bon, maintenant je dois trouver une autre question ! Essayons encore avec des questions qui vont relancer la machine :

Q : « *Qui as-tu vu au supermarché ?* »

Q : « *Qu'as-tu fait sur la route ?* »

Q : « *Pourquoi es-tu allé au supermarché ?* »

Q : « *Où se trouve le supermarché ?* »

Q : « *Comment es-tu allé au supermarché ?* »

Pour répondre à chacune de ces questions, votre interlocuteur doit aller fouiller dans sa mémoire et revivre son expérience. Plus la réponse est axée sur les sens, riche ou imaginative, plus la personne paraît intéressante et meilleure est la conversation (et la relation). En posant la question, puis en soutirant à votre interlocuteur des détails sensoriels, à la manière de Disraeli, vous lui donnerez l'impression qu'il est la personne la plus intelligente au monde.

194 / *Construire une relation*

EXERCICE

DES QUESTIONS, EXCLUSIVEMENT

Engagez la conversation avec un ami en utilisant seulement des questions. En d'autres termes, répondez à une réponse par une question. C'est une excellente manière d'améliorer vos capacités de conversation.

Un autre jour, à chaque fois que l'on vous pose une question, répondez par une question. Ne paniquez pas si vous n'y parvenez pas, personne n'en saura rien.

En pratique, vous ne pouvez pas surgir comme un officier des douanes et enchaîner les questions les unes après les autres. Vous devez faire preuve de doigté. Souvenez-vous que lorsque je prenais contact avec des inconnus dans la rue, j'enrobais mon approche en demandant : « *Puis-je vous poser une question ?* » Dans la vie quotidienne, vous pouvez également engager la conversation par une affirmation anodine concernant le lieu ou la situation : « *On dirait qu'il y a plus d'exposants cette année que l'an dernier. D'où venez-vous ?* », « *Vu l'état des routes autour du magasin, comment avez-vous trouvé le trajet ?* », « *Tout le monde a l'air de s'amuser. Pensez-vous qu'il serait opportun de multiplier ce type de réunions ?* »

Posez aux gens des questions qui excitent leur imagination et raniment la conversation.

Vous pouvez aussi lancer la conversation en vous adressant directement à l'imagination de votre interlocuteur : « *Dites-*

Faites-les parler / 195

m'en plus sur... », « *Racontez-moi votre voyage* », « *Parlez-moi de ces nouveaux types, au quatrième étage* ».

Lorsque vous demandez une opinion ou une information, vous placez la balle dans le camp de votre interlocuteur. Quand il la renvoie, soyez attentif aux *mots-clés* et choisissez celui qui semble le plus évident. Les mots-clés sont des mots que vous pouvez saisir et répéter à votre interlocuteur, tandis que vous entretenez la conversation. J'ai indiqué en gras quelques mots-clés dans les lignes suivantes, qui sont tirées d'une récente conversation que j'ai eue avec le directeur financier d'une entreprise de taille moyenne.

« *Parlez-moi de votre politique en matière de retours.* »

« *Pour commencer, nous avons dû changer nos **procédures** de stockage en juillet dernier parce que la **société de fret** avec laquelle nous travaillons a institué de nouvelles **limitations** de poids.* » Il soupira et hocha la tête : « *Cela a causé beaucoup de **soucis** aux **gars chargés des livraisons**.* »

« *Comment les gars chargés des livraisons ont-ils pris ces changements ?* »

Cette question lança la conversation et, au cours des minutes suivantes, j'en sus plus sur les problèmes de personnel, les stratégies adoptées et les différentes façons dont les choses pouvaient empirer. Je poursuivis avec quelques questions, une attitude attentive et des retours : hochements de tête, « *oui* », « *non* » et un haussement d'épaules. Nous continuâmes quelque temps et je dirais que j'en appris beaucoup. Je peux également ajouter que ce directeur financier partit avec la quasi-certitude qu'il était la personne la plus intéressante de la pièce.

Évitez les questions impliquant des réponses simples du type oui ou non.

Mais que faire si vous êtes convaincu d'être la personne la moins intéressante de la pièce ? Laissez-moi vous parler de mon ami George.

George est directeur des ressources humaines dans l'une des plus grandes sociétés de conseil américaines. Il a plus de quarante ans et est un peu trop conscient de son âge. Il a du mal à tenir une conversation avec les employés les plus jeunes de la société et il sait que, s'il veut continuer à progresser professionnellement, il ferait mieux d'améliorer ses relations avec la jeune garde. L'un de ses amis lui a parlé de la technique consistant à répondre à une question par une autre question, afin de briser la glace avec les personnes qui ont peu de choses en commun avec lui.

George a organisé une réunion informelle avec deux personnes de son équipe pour décider du lieu du prochain séminaire de sa société.

« *Nous devrions organiser le séminaire près de la ville cette année, George. Qu'en pensez-vous ?* » dit Dale, un jeune homme de vingt ans, apparemment assez sûr de lui.

« *Pourquoi pas le* Lancaster *?* » demanda George. Le *Lancaster*, hôtel plutôt miteux, avait été récemment rénové et était devenu un complexe hôtelier en vue.

« *C'est pas mal, mais pensez-vous qu'il puisse accueillir 350 personnes ?* » demanda Jackie qui vivait à deux pas du *Lancaster* et aurait préféré passer trois jours à la campagne.

« *Quelle est la meilleure façon de le savoir ?* » répliqua George.

« *On peut y passer et poser la question* » suggéra Dale.

« *Que pensez-vous d'un autre séminaire en septembre ?* » demanda George.

« *En septembre, mieux vaut le faire à la campagne* », dit Jackie. « *Pourquoi pas les* Boulders ? *Ce serait comme au bon vieux temps.* »

« *Tu n'es pas un peu jeune pour te rappeler du bon vieux temps ?* » ironisa Dale, sarcastique.

« *Je pensais simplement que l'événement impliquait que les gens passent aussi un peu de bon temps* », répliqua Jackie.

« *Si on veut passer du bon temps, pourquoi ne pas viser Las Vegas ?* » demanda George en souriant. Les deux autres le regardèrent, un peu surpris, puis éclatèrent de rire. George se joignit à eux. *Maintenant, nous parlons et j'aime ça*, songea George. *Nous formons une équipe, et j'en fais partie.*

Lorsque George entendit parler de la technique de la question-réponse, il pensa qu'il s'agissait d'une farce. Maintenant qu'il l'a essayée, il pense que c'est génial. Non seulement il s'entend bien avec les membres plus jeunes de son équipe, mais en plus les échanges qu'il a eus lui ont donné de très bonnes idées.

L'art de la convivialité

Au cours des premières minutes de la rencontre, vous sentirez que la conversation commence à prendre. Ne cherchez pas à identifier cet instant ; vous sentirez que vous y êtes. Vous pouvez alors passer d'une discussion polie, faite de questions, à un échange plus personnel. Ce passage exige un changement d'attitude et d'intention. Il faut faire une distinction qualitative entre ce que j'appelle une discussion factuelle et, faute de meilleur terme, une discussion conviviale. La discussion factuelle renvoie à la logique et à l'analyse, alors que la convivialité parle aux sens et à l'imagination.

> Utilisez votre corps, votre regard et votre voix pour montrer que vous êtes attentif.

Une conversation vraiment conviviale est intime; les deux interlocuteurs se sentent à l'aise. Elle ressemble à un bavardage léger. Celui qui la mène a recours aux mots magiques « qui », « que », « pourquoi », « où », « quand » et « comment » pour engendrer des réponses émotionnelles. En revanche, dans une discussion factuelle, la même personne n'utilise ces mots que pour obtenir de l'information. L'interlocuteur convivial joue avec les sens et demande : « *Quel sentiment vous inspire...?* », « *Comment voyez-vous...?* », « *Qu'entendre par...?* ». Il use à dessein d'artifices linguistiques apaisants et d'un langage vague pour faire sortir son partenaire de sa coquille : « *Aidez-moi à comprendre comment nous pouvons le faire fonctionner* », « *Quelles sont vos premières impressions?* », « *Dites-moi encore pourquoi nous devrions nous établir à cet endroit?* ». Une introduction véritablement conviviale doit immédiatement interpeller l'imagination de votre interlocuteur. Parfois, les gens pratiquant cette convivialité hochent légèrement la tête ou émettent de petits sons pour captiver leur partenaire de conversation et l'encourager à répondre. Quand ils le font, la relation devient plus forte. À l'opposé, les factuels sont concentrés sur l'information et la conversation se termine inévitablement par un cul-de-sac, puisqu'ils jouent au tennis tout seul.

Restez concentré

Le langage d'un convivial peut être subtilement vague et son langage corporel doux, mais ne pensez pas qu'il s'éloigne de son but. Même si sa conversation vous semble décousue, il reste concentré sur ce qu'il recherche. Il travaille perpétuellement son SIC. À titre d'exemple, envisageons le cas d'Abigail, présidente d'une usine de taille moyenne, qui a fait appel à moi pour quelques conseils. Elle m'a d'abord demandé d'assister en observateur à une réunion informelle avec ses employés, dont le but était de faire le point sur les réalisations du mois et les stratégies pour l'avenir. Abigail savait comment créer rapidement une certaine intimité, comment observer et écouter activement et comment rester concentrée.

Assise en face de son équipe de management et notant les quelques questions de ses responsables, elle en apprenait plus sur la manière dont ils allaient aborder les défis futurs qu'ils n'en apprenaient sur ses propres stratégies, en raison de son habileté à installer un climat de convivialité. Elle observait et écoutait sans perdre de vue l'objet de la réunion. En outre, elle s'appuya sur le côté informel pour prendre Mike, le responsable de la division livraison, au dépourvu.

« *Mike, bravo pour ce mois-ci. Je suis impatiente de voir votre rapport.* »

« *Merci* », répondit Mike. « *Vous savez qu'avec toute cette activité, nous n'avons pas eu le temps de produire un rapport officiel. Cela vous ennuierait si on s'en passait ?* ».

Abigail sourit et sembla réfléchir. Puis, elle répondit d'une voix douce : « *En fait, cela m'ennuierait pour deux raisons. La première est que, si vous êtes si débordé, il va finir par y avoir des tensions dans l'équipe. Un rapport écrit pourrait nous en dire plus long sur le moral des troupes par rapport à cette pression, et nous fournirait quelques chiffres concrets sur la satisfaction des clients. La deuxième est que vous avez vraisemblablement besoin de bras supplémentaires, mais on ne peut pas vous donner ce que vous ne réclamez pas. Pensez-vous pouvoir me préparer ce rapport d'ici la prochaine réunion ?* »

Abigail savait qu'elle voulait retirer de cette réunion une vision détaillée et complète de la situation actuelle de la société, et qu'elle ne laisserait personne lui mettre des bâtons dans les roues.

EXERCICE

RESTEZ CONCENTRÉ

Lors de chaque rencontre, gardez votre cap en vous demandant continuellement « *Qu'est-ce que je veux ?* ». Identifiez précisément le résultat que vous recherchez et restez positif. Rappelez-vous toujours de votre SIC, jusqu'à la fin des deux premières minutes et au-delà.

Essayez l'exercice suivant avec un ami : l'un de vous est A, l'autre B ; A demande à B « *Parle-moi de ton travail.* » La mission de B est de dévier du sujet aussi vite que possible. Celle de A consiste à déterminer dès que possible quand B y parvient, puis à utiliser les phrases de B pour l'arrêter et le ramener au sujet. Par exemple :

A : « *Parle-moi de ton travail.* »

B : « *Je vends du matériel photographique. Depuis l'enfance, j'observe les paysages au loin et...* »

A : « *Je trouve les paysages fascinants. En quoi consiste ton travail ?* »

Pratiquez cet exercice pendant trois minutes, puis échangez les rôles. Ne craignez pas l'évidence. Le but de l'exercice est d'apprendre à déterminer le moment où vous-même ou votre interlocuteur s'éloigne trop du sujet. Les émissions télévisées où les présentateurs laissent leurs invités (ou pire, eux-mêmes) digresser sans raison sont souvent confuses et ennuyeuses. L'intérêt du dialogue et son impact s'en trouvent réduits, et le contact peut se perdre.

Apprivoisez les médias

À certains moments, nous souhaitons exploiter le pouvoir des médias (et à d'autres, fort heureusement moins fréquents, nous souhaitons l'étouffer). Peut-être avez-vous un magnifique produit ou un service extraordinaire à offrir et désirez-vous le faire savoir. Mais comment faire ? Vous avez besoin d'une vraie histoire, d'un « matériau » publiable et intéressant qui fera vendre les journaux ou attirera un auditoire. Aucun journaliste, éditeur ou présentateur ne souhaite être la simple vitrine de vos produits ou de vous-même.

L'une des façons les plus faciles de diffuser votre histoire consiste à établir un lien direct entre votre produit ou service, et le bien de la communauté. Par exemple, l'un des plus gros fabricants mondiaux de boissons non alcoolisées utilise, dans certaines régions du monde, son système de livraison pour apporter des médicaments aux populations reculées qu'il dessert. C'est intéressant, cela fait couler de l'encre et ouvre du temps d'antenne.

Si vous pouvez vous offrir une formation professionnelle sur les médias, faites-le. Vous ne perdrez ni votre temps, ni votre argent. Si vous n'en avez pas les moyens, prêtez attention aux conseils suivants sur la manière d'établir le contact avec les médias. S'agissant du message, vous devez informer plutôt que vendre. S'agissant du messager, les trois aspects essentiels de la persuasion doivent être en place : des références, de la logique et de l'émotion. Préservez la simplicité du message. Dégagez un point central associé à quatre points secondaires, et répétez-les encore et encore. Choisissez des phrases brèves, faciles à comprendre, qui ont du sens et touchent les gens.

> ### SOYEZ ATTENTIF, C'EST AUSSI SIMPLE QUE CELA
>
> Dans une conversation, il est essentiel d'adresser une réponse physique et verbale pour maintenir le contact avec votre interlocuteur. Montrez que vous comprenez et êtes intéressé grâce à votre langage corporel et à votre voix. Un piètre interlocuteur ne vous regarde jamais dans les yeux, mais toujours par-dessus votre épaule, dans l'espoir de trouver une personne plus importante que vous à qui parler. Ce genre de personnage est facile à repérer et peu apprécié. Regardez, écoutez et concentrez-vous sur la personne qui vous fait face. Si vous souhaitez promouvoir et entretenir un sentiment de proximité, vous devez lui faire sentir son importance.
>
> Soyez curieux. En questionnant, en participant, en sollicitant votre partenaire, vous découvrirez ce qui fait vibrer les gens. Quels sont leurs rêves aujourd'hui ? Quand ils étaient enfants ? Qu'est-ce qui les réveille la nuit ? Il vous sera probablement utile de savoir ce qui tient votre patron éveillé la nuit ou de deviner qui est heureux parmi vos collègues et qui ne l'est pas.

Examinons maintenant le cas de Penny Hill qui dirige un programme de soin destiné aux personnes âgées à Brooklyn (New York). Chaque jour, elle doit nourrir et assister plus de deux cents personnes réparties dans l'ensemble de son quartier. Un jour, alors qu'elle passait devant un immeuble de bureaux, elle vit un container rempli de vieux ordinateurs. Sur le moment, elle n'y prêta pas attention. Quand elle rentra chez elle, elle s'installa dans son salon en regardant pensivement ses enfants assis devant l'ordinateur, en train de lire et d'envoyer des courriels et eut une révélation : « *C'était comme si une lampe s'était allumée dans ma tête. J'ai réalisé que les courriels et Internet représentaient pour ma fille des liaisons essentielles avec ses amis et le reste du monde. Pourquoi n'en serait-il pas de même pour mes patients âgés – même si la plupart n'avaient jamais utilisé un ordinateur? S'ils pouvaient apprendre à s'en servir, Internet pouvait radicalement changer leur vie, en les reconnectant au monde. Ils n'avaient pas besoin d'ordinateurs derniers modèles. Je pouvais changer leur vie si je parvenais à obtenir quelques ordinateurs de bureau, avant qu'ils n'arrivent à la décharge.* »

Penny n'avait pas la moindre idée de la façon dont elle allait s'y prendre. Les deux premières sociétés qu'elle avait contactées avaient répondu qu'elles auraient adoré lui apporter leur aide, mais qu'elles craignaient des problèmes de sécurité ou de responsabilité si elles donnaient leurs ordinateurs. Par ailleurs, tous ses contacts dans les médias lui avaient répondu que son idée de récupération d'ordinateurs pour les personnes âgées ne constituait pas un bon sujet. Ils lui dirent aussi que son projet relevait plutôt du domaine de la publicité – mais qu'elle pouvait revenir si elle avait une véritable histoire à raconter. Enfin Penny reçut un coup de fil qui inversa le cours des événements. L'une de ses bénévoles proposait de lui donner l'ordinateur dont elle voulait se débarrasser et l'assurait que sa fille adolescente pouvait apprendre aux patients de Penny à s'en servir. Penny comprit à ce moment qu'elle tenait une grande idée : organiser une expérience d'échange intergénérationnel. Les personnes âgées allaient recevoir un ordinateur et les adolescents seraient notés, à l'école, pour leur expérience de bénévolat.

Quelques semaines plus tard, le bénéficiaire de l'ordinateur, Gil Gerard, âgé de quatre-vingt-deux ans, avocat spécialisé en brevets, envoyait des courriels à ses filles en France, à San Francisco et à Prague, prenait des nouvelles de certains de ses anciens protégés sur Internet, et avait même donné quelques conseils concernant les brevets à deux inventeurs qui avaient ouvert leur site Internet. Maintenant, Penny tenait une histoire. Munie de sa grande idée, elle contacta tous les journalistes qu'elle put trouver avec le spot publicitaire suivant : « *Des adolescents font surfer les seniors* ».

Penny utilisa l'histoire de Gil et de son jeune professeur pour prouver les bienfaits que son projet apportait à la communauté des jeunes comme des moins jeunes. Elle n'essayait pas de vendre quelque chose. Elle ne disait pas qu'elle avait besoin d'ordinateurs et de volontaires, mais elle présentait trois aspects essentiels pour persuader les autres : des références, de la logique et de l'émotion. Bientôt, elle eut plus ordinateurs, de professeurs et de mécènes qu'il ne lui en fallait.

TRAITEZ AVEC RESPECT LES CARTES DE VISITE

Le rituel japonais des cartes de visite est riche d'enseignements. L'échange des cartes de visite est la première chose que font deux hommes d'affaires japonais, et l'essentiel de ce qui s'ensuit peut être résumé ainsi : respect. Recevez la carte comme s'il s'agissait d'un cadeau (c'en est un, à vrai dire). Tenez-la à deux mains et prenez un instant pour l'examiner. Si possible, faites un commentaire empreint d'intérêt ou une observation concernant la carte elle-même (le titre de la personne, ses références, sa situation géographique). Vous devez comprendre qu'une carte de visite n'est pas un simple morceau de papier sur lequel figure un nom mais une identité professionnelle. Accordez-lui le respect que son titulaire mérite.

Je n'arrive plus à me souvenir du nombre de séminaires et de conférences professionnels auxquels j'ai assisté. À chaque fois, je vois des gens saisir une carte de visite, la retourner sans même y jeter un vague coup d'œil et prendre des notes au verso. N'inscrivez jamais rien sur une carte de visite devant celui qui vous l'a remise. Si vous devez absolument noter quelque chose et que vous ne disposez pas d'un bloc, demandez-lui si cela ne le dérange pas. C'est une marque de politesse et votre geste sera apprécié.

Quand toute cette cérémonie est terminée, rangez la carte dans la poche intérieure de votre veste, votre porte-monnaie ou votre mallette, c'est-à-dire dans un endroit qui traduit votre respect. Ne placez jamais la carte dans votre poche arrière de pantalon, sur laquelle... vous vous asseyez.

En bref...

Comment les faire parler

Les règles de base pour établir un contact réussi sont les suivantes : faites parler votre interlocuteur, restez concentré, observez et écoutez-le attentivement, répondez-lui et adressez-lui des encouragements, écoutez plus que vous ne parlez.

Les questions

Les questions sont les clefs de la conversation. Poser les bonnes questions permet d'entretenir la discussion.

• Posez des questions ouvertes qui renvoient vos interlocuteurs à leur cœur et à leur imagination et les engagent à s'ouvrir. Les questions ouvertes débutent en général par « *Qui* », « *Que* », « *Pourquoi* », « *Où* », « *Quand* », et « *Comment* » et il est difficile d'y répondre par un simple oui ou non.

• Évitez les questions fermées qui incitent vos interlocuteurs à se replier sur eux-mêmes. Elles commencent en général par « *Êtes-vous...?* », « *Avez-vous...?* », « *Est-ce que...?* » et on y répond en général par un mot qui arrête l'échange.

206 / *Construire une relation*

- Adressez-vous directement à l'imagination de votre interlocuteur : « *Que pensez-vous de... ?* », « *Dites m'en plus sur...* ».

- Soyez attentif aux mots-clés afin de les réutiliser dans les questions que vous posez à votre interlocuteur.

La convivialité

Quand la conversation prend, vous pouvez passer d'une discussion polie, faite de questions, à un échange plus personnel.

- Le langage d'une personne conviviale fait appel aux sens et à l'imagination, tandis que celui d'une personne factuelle est uniquement informatif. Une conversation vraiment conviviale est intime et confortable : elle est aussi légère qu'un bavardage.

- La personne conviviale connaît la valeur des contacts et sait que la meilleure manière d'approcher quelqu'un est de lui être présenté par une personne qu'il respecte.

- Restez concentré sur vos buts et maintenez le cap durant toute la conversation. Rappelez-vous du résultat désiré et restez positif.

- Il est essentiel de donner des réponses physiques et verbales à votre interlocuteur. Montrez-lui que vous le comprenez et qu'il vous intéresse grâce à votre langage corporel.

- Concentrez-vous sur la personne qui vous fait face. Ce sentiment de proximité entre elle et vous lui donnera l'impression d'être importante.

- Soyez curieux. En questionnant, en participant et en sollicitant votre interlocuteur, vous découvrirez ce qui le fait vibrer.

Convivialité et médias

Informez, ne cherchez pas à vendre. Établissez un lien entre votre grande idée et votre spot publicitaire, d'une part, et le bien de la communauté, d'autre part.

Chapitre 11
Trouvez la bonne approche

Jusqu'à présent, nous avons consacré beaucoup de temps à apprendre à établir, verbalement et tacitement, des relations solides avec les autres. Nous avons également examiné la manière de traduire habilement des idées et des objectifs en messages persuasifs. Il est maintenant temps de nous pencher sur la façon concrète de livrer ces messages. Susciter la confiance et la réceptivité de vos interlocuteurs n'est qu'une étape ; vous devez également apprendre à utiliser la bonne approche sous peine de voir vos efforts réduits à néant.

Il existe de nombreuses façons de manger des pâtes : avec une fourchette, avec des baguettes ou avec les doigts. Il y a aussi beaucoup de façons d'annoncer de bonnes nouvelles : par téléphone, en louant un avion qui traîne une banderole portant votre message dans le ciel ou en personne. Enfin, il y a beaucoup de façons de chercher du travail : en lisant les petites annonces, en surfant sur Internet ou en construisant des réseaux. Le nombre de méthodes est aussi grand que votre imagination vous le permet. Si nous reprenons l'exemple d'Abigail détaillé dans le précédent chapitre, nous voyons qu'elle aurait pu choisir une approche plus formelle pour avoir une bonne vision de sa société, mais qu'elle préféra une approche informelle pour obtenir ce qu'elle voulait.

Savoir décrypter la situation de manière à choisir la bonne stratégie est le moyen d'arriver à vos fins.

Ce décryptage s'appuie sur la connaissance de l'état d'esprit de la personne ou du groupe qui vous fait face. Nous avons souvent évoqué dans ce livre l'immense pouvoir de l'attitude. Mais lorsque vous entrez en relation avec les gens, votre succès ou votre échec tient à votre capacité à vous adapter à *leur* attitude ou, plus précisément, à vous adapter à leur état d'esprit émotionnel.

Structurez le contexte émotionnel de votre entretien

Imaginons que vous ayez une idée sur la manière d'améliorer le partage de l'information sur la production au sein de votre société, et que vous désiriez persuader votre patron d'adopter votre système. Vous allez devoir susciter l'intérêt de ce dernier, bien qu'il soit surchargé de travail et de soucis. Il est parfois très difficile de faire passer quelqu'un d'un état émotionnel à un autre. Par exemple, faire passer quelqu'un de l'indifférence (« *Je suis occupé ; j'ai beaucoup d'autres sujets à traiter ; est-ce que ça peut attendre ?* ») à l'excitation (« *Super idée, allons-y !* ») d'un seul coup est un beau défi.

Il y a des années, les docteurs Richard Bandler et John Grinder, géniaux inventeurs de la programmation neurolinguistique (PNL), ont identifié le processus comportemental suivi par les individus extrêmement persuasifs. Concrètement, ils n'ont pas seulement découvert *ce que* ces persuasifs faisaient, ils ont aussi déterminé *comment* ils le faisaient. Ils ont observé que les gens doués pour la persuasion, volontairement ou non, reliaient trois ou quatre états émotionnels afin d'obtenir satisfaction de leurs désirs. En d'autres termes, au lieu d'aller directement de l'état A (indifférence) à l'état D (enthousiasme), ils vous mènent de A à D en passant par les états B et C. Ainsi, plutôt que de tenter un passage immédiat de l'indifférence à l'enthousiasme, un persuasif expérimenté peut vous emmener vers la curiosité, puis l'ouverture, avant de susciter votre enthousiasme. Cela s'appelle des états liés et représente une manière efficace pour que les gens entrent émotionnellement en relation avec vous ou vos idées.

Une fois que vous avez choisi l'état d'esprit à utiliser, vous devez, en bon persuasif, passer au premier maillon de la chaîne. Pour convaincre, vous devez être congruent, c'est-à-dire que votre langage corporel, le ton de voix et vos paroles doivent être en harmonie les uns avec les autres. Essayez de passer successivement d'un état de curiosité à un état d'ouverture, puis d'enthousiasme, encore et encore : dix secondes pour chaque état d'esprit suffiront. C'est la raison pour laquelle je vous ai demandé de déambuler dans votre bureau comme un kangourou ou une panthère, un battant ou un perdant, au cours des précédents exercices. Ces exercices doivent vous permettre d'acquérir la discipline et la flexibilité d'attitude et de comportement nécessaires pour relier et contrôler les émotions – les vôtres et celles des autres.

Passons maintenant au contenu verbal, même si vos mots ne représentent que 7 % de votre message, ils doivent être choisis avec soin. Vous avez déjà appris la valeur d'un langage qui fait appel aux sens, des métaphores évocatrices et du pouvoir de l'imagination. Il nous faut maintenant « muldooniser » (verbe créé à partir du nom de mon cher mentor, F. X. Muldoon) votre conversation en y incluant des mots chargés d'émotion. Le fait d'adopter vous-même un état émotionnel vous aidera à penser aux mots justes. Afin de vous donner une idée de la façon dont un individu peut relier les différents états d'esprit pour amener une autre personne à entendre ses idées, examinons le cas de Joanna. Joanna sait que son supérieur, Max, vient au bureau en train, et elle sait aussi que la meilleure manière de lancer une conversation est

212 / *Construire une relation*

de la faire débuter par une question. Max est assis derrière son bureau.

« Max, avez-vous pris le train pour venir au bureau ce matin ? »

« Bien sûr. »

« Avez-vous déjà rencontré le type qui conduit le train ? Moi, jamais. Mais tandis que j'étais assise ce matin dans le train, je me disais qu'il était curieux que, chaque jour, des milliers de personnes placent leur vie entre les mains de parfaits inconnus. On le fait tout le temps. On fait confiance à d'autres gens pour nous amener au travail en toute sécurité, pour prendre soin de nos enfants, pour préparer nos repas... Mais ça vaut le coup, non ? Faire confiance aux autres ouvre nos vies à d'infinies possibilités : essayer de nouvelles saveurs dans des restaurants exotiques, s'envoler pour une île ensoleillée ou monter dans des montagnes russes avec notre famille. Il y a tant de possibilités en toute chose, même au travail. En fait, je suis venue pour vous parler d'une possibilité. Si nous prenons un jeune stagiaire pour nous aider à faire les tâches ingrates, cela libérera du temps pour les assistants qui pourront se consacrer davantage aux tâches plus importantes, et nous permettra de dégager du temps pour générer de nouvelles commandes. Imaginons-nous simplement dans six mois quand... »

Dans cet exemple, vous vous contentez de lire les mots, vous n'avez pas accès au langage corporel, aux expressions du visage, au ton de voix, au niveau sonore et aux intonations de Joana, c'est-à-dire que vous êtes privé d'état émotionnel. Néanmoins, vous pouvez imaginer que, dès que Joanna a commencé son discours, elle a délivré son message d'une manière sincère et honnête et a communiqué l'impact émotionnel de celui-ci à son patron. Elle est passée de façon convaincante d'un état à un autre et a présenté la loi de cause à effet, juste avant de relier le tout à l'avenir, grâce à : « *Imaginons-nous simplement dans six mois...* », avec la garantie de mettre en branle l'imagination de son patron et de l'impliquer. Et tout cela n'a pas pris plus de deux minutes. Voilà le secret des grands communicants.

Prenez un instant pour écouter un discours qui remua une nation, par un grand communicant tel que Martin Luther King, Charles de Gaulle ou Nelson Mandela. Identifiez les différents états qu'ils font traverser à leur auditoire, avant de l'inciter à l'action. Quand Churchill se sentait immense, vous vous mettiez à grandir, et quand il était en colère, l'irritation vous gagnait aussi. Quand Martin Luther King disait : « *Je suis monté en haut de la montagne* », votre esprit s'élevait avec lui.

La prochaine fois que vous voulez que quelqu'un adhère à l'une de vos idées, déterminez au préalable les trois ou quatre états émotionnels qui pourraient être reliés afin de susciter l'enthousiasme de cette personne – qu'il s'agisse d'un client, d'un journaliste, de votre supérieur, de votre équipe ou d'un auditoire. Le résultat que vous recherchez doit être avantageux pour vous-même et votre interlocuteur, sinon vous risquez de rencontrer une certaine résistance. Joanna a commencé sa conversation avec son patron par une question et quelques points vérifiables. Ceux-ci constituaient des questions ou des affirmations dont son supérieur connaissait l'exactitude : oui, il était venu par le train, et non, il n'en connaissait pas le chauffeur. Les points vérifiables ont un double effet : ils impliquent votre interlocuteur et vous garantissent un accord immédiat.

214 / *Construire une relation*

Exercice

Relier les différents états

Voici un jeu pour vous entraîner à vous adapter aux états émotionnels de vos interlocuteurs. Il est préférable de réunir trois ou quatre personnes pour faire cet exercice.

Demandez à chaque personne d'indiquer sur une feuille de papier trois états d'esprit qu'elle souhaite susciter chez les autres. Cela peut être la curiosité, l'excitation, la tristesse, l'embarras, la joie, la confiance, la liberté, la sécurité, l'audace, la séduction, la solitude – tout ce à quoi vous pouvez songer. Pliez les feuilles de chacun, mettez-les dans un bol et mélangez-les.

Prenez un morceau de papier dans le bol et, sans révéler ce qui est inscrit dessus, essayez, en moins de trente secondes, de susciter l'état d'esprit concerné chez les autres membres du groupe. Vous pouvez utiliser des histoires, des métaphores, le langage corporel et le ton de la voix, mais vous ne devez pas citer l'état d'esprit en question. Par exemple, imaginons que vous ayez puisé le mot « curiosité ». Vous pourriez alors dire : « *Vous ne croirez jamais qui j'ai vu au coin de la rue avant de venir ce matin. Je me suis garé à toute allure et je suis retourné en courant vers cet endroit, mais il était parti. Je l'ai revu un peu plus tard, mais cette fois-ci...* ». À la fin des trente secondes, les autres doivent dire ce qu'ils ont ressenti. Si aucun d'eux ne parle de sa curiosité, demandez-leur comment ils interpréteraient cet état d'esprit.

Lorsque chaque participant est passé, le groupe refait l'exercice, mais cette fois en puisant deux états d'esprit dans le bol et en essayant de les susciter, l'un après l'autre, chez chaque participant, en moins d'une minute. Enfin, essayez de relier trois états d'esprit, en moins de 2 minutes.

Vous pouvez vous entraîner à relier les différents états d'esprit dans chacune de vos activités quotidiennes (lors de vos rendez-vous amoureux, pendant des réunions de travail, lors d'un cocktail, quand vous commandez une pizza ou que vous empruntez un livre à la bibliothèque). Cela peut sembler bizarre ou artificiel, mais c'est plus simple que vous ne le croyez. Dans une certaine mesure, vous le faites déjà ; il vous suffira donc d'améliorer vos capacités naturelles. Cette compétence deviendra rapidement une seconde nature, voire une composante de votre style explicatif. Ce que vous ferez de cette technique vous appartient et dépend de votre aisance et de votre imagination. Ce que je vous offre ici n'est que la structure qui se cache derrière cette approche persuasive.

Maintenant, examinons quelques principes de base de toute situation professionnelle, depuis la recherche d'un travail jusqu'au maniement du téléphone, en passant par la maximisation de votre potentiel en société. Gardez toujours en tête ce que vous avez appris sur la liaison entre les états émotionnels, parce que cela vous aidera à obtenir ce que vous souhaitez en toutes circonstances.

Décrocher un entretien d'embauche

Imaginons que vous vouliez changer de poste, quelle approche utiliseriez-vous pour trouver un nouveau job ? Selon la MSNBC, les gens qui ont recours aux annonces d'emploi ne parviennent à trouver un travail que dans 5 % des cas, tandis que le taux de succès passe à deux tiers pour ceux qui font fonctionner leurs réseaux. Le *Wall Street Journal* rapporte que plus de 90 % des gens obtiennent de nouvelles affaires ou un emploi par le biais d'un réseau. Les recruteurs aussi préfèrent largement y recourir. Dans une enquête, presque 50 % d'entre eux avouent pourvoir jusqu'à 25 % de leurs offres d'emploi, avant même d'en faire la publicité, et faire appel aux réseaux internes et externes avant de recourir à un chasseur de têtes ou aux petites annonces.

Comment utiliser ce système à votre avantage ? Tâchez de suivre l'exemple de mon ami Alfred. Il avait perdu son emploi de vice-président lors de la cession de sa société de gestion de patrimoine. Il n'avait en revanche pas perdu son habileté à nouer des contacts... et à les utiliser. En trois semaines, il avait réuni les noms de 134 personnes susceptibles de l'aider dans sa recherche d'emploi, en avait rencontré 37 et avait reçu trois offres. Il obtint ces résultats incroyables parce qu'il savait faire fonctionner un réseau.

Le plan d'Alfred comportait deux étapes. D'abord, il essaya d'obtenir un rendez-vous avec toutes les personnes susceptibles de l'aider. Ensuite, il demanda deux lettres de références à chaque personne ainsi rencontrée. Il commença par téléphoner à ses propres contacts en disant : « *Je veux vous parler de quelque chose. Je suis à la recherche d'un travail. Je ne vous demande pas de m'en donner un, mais plutôt de me fournir le nom de deux personnes que je pourrais contacter. Comme vous le savez, j'ai...* [à cet instant, il glissait son spot publicitaire de dix secondes, ainsi que ses références]. *J'aimerais que vous m'autorisiez à utiliser votre nom comme introduction, pas comme référence. C'est tout ce que je demande.* »

Lorsqu'il appelait les gens vers lesquels on l'avait orienté, il disait : « *Je préparerais le petit déjeuner, le déjeuner et le dîner et même le café à minuit : je ferais n'importe quoi pourvu que je puisse vous rencontrer en personne.* » Son but était de leur faire dire : « *C'est bon, je vous rencontrerai.* »

Grâce à ses efforts et à son énergie, Alfred faisait son chemin. Les appels et les réunions représentaient autant d'occasion de parler de lui et de sa recherche d'emploi. Ses interlocuteurs ne se sentaient pas stressés parce qu'il ne leur demandait pas un emploi mais des références. Résultat : en cinq ans, Alfred ne réalisa pas un simple *come back* mais un retour triomphal : il est devenu président du conseil d'administration d'une des plus grosses sociétés de crédit immobilier américaine. Et il continue à nouer des contacts.

L'entretien d'embauche

L'entretien est une présentation dont vous êtes le sujet. Comme dans toute présentation, il vous faut une amorce et un point final, une ouverture et une fin. Et comme tout présentateur, vous devez apprendre à respirer, mais il vous faudra attendre encore un peu de temps pour y arriver. Cette pièce du puzzle se trouve au chapitre 12, « Rappelez-vous : qu'importe le flacon... ». Pour l'heure, envisageons votre amorce.

Vous vous rappelez votre spot publicitaire ? Eh bien, faites comme les publicitaires avertis, ciblez un public très particulier. Les publicitaires examinent les couches démographiques (par exemple, les femmes entre dix-huit et trente-quatre ans). Vous devez convaincre « le salarié de moins de soixante ans ». C'est une façon un peu idiote de dire que vous devriez préparer votre spot publicitaire avant de vous présenter à l'entretien.

Ne vous bornez pas à des exercices.
Mettez en pratique ce que vous avez appris.

Faites vos devoirs de chercheur d'emploi : apprenez tout ce que vous pouvez sur la société (et si possible sur la personne chargée du recrutement). Procurez-vous toute la littérature disponible sur l'entreprise, ainsi que son rapport annuel. Introduisez le nom de la société dans un moteur de recherche et voyez ce que vous obtenez. Faites des recherches dans les archives accessibles par Internet ou par le biais des services d'information (même si cela vous coûte un peu d'argent, cela en vaut la peine). Appelez les gens que vous connaissez qui font des affaires avec cette entreprise ou, mieux, y travaillent. Si rien ne marche, parlez au réceptionniste à votre arrivée sur les lieux.

Le vieil adage « *L'information c'est le pouvoir* » me rend dingue parce qu'il est faux. L'information est un pouvoir potentiel mais n'a aucune valeur tant que vous ne l'utilisez pas. Servez-vous des informations que vous avez réunies pour élaborer un spot publicitaire qui vous relie à la société, c'est-à-dire qui montre comment votre expérience, vos compétences et vos points forts font de vous la personne idéale pour le poste à pourvoir. Il ne s'agit pas de jouer la comédie : votre spot doit s'appuyer sur des éléments réels et vous devez diffuser votre message avec émotion.

Le suivi

Assurez toujours, toujours, toujours le suivi de votre entretien car cela peut vous permettre d'obtenir le poste que vous convoitez. Manifestez-vous dans les vingt-quatre heures qui suivent l'entretien et cherchez à obtenir trente secondes du temps de votre recruteur potentiel. Vous pouvez adresser une lettre ou un courriel ou encore laisser un message téléphonique. Je vous conseille de laisser un message vocal après la fermeture des bureaux ; cela montre que vous ne voulez pas interrompre une journée de travail, mais que vous êtes sincèrement intéressé. Le ton de votre voix et les phrases que vous prononcez sont cruciaux. Adoptez une attitude positive avant de téléphoner et passez votre appel debout. Soyez enthousiaste et courtois. Remerciez pour l'entretien, montrez de l'intérêt pour le poste concerné et gardez à l'esprit votre spot publicitaire, tandis que vous soulignez certains des aspects positifs de l'entretien. Si vous préférez écrire, assurez-vous que votre syntaxe et votre orthographe soient parfaits.

Quel que soit le format que vous retenez, adaptez votre message, entraînez-vous et limitez, autant que possible, à trente secondes cet instrument de marketing personnel.

Téléphone et convivialité

Vous pouvez nouer une vraie relation par téléphone, mais vous devez vous assurer que la relation *s'établit*. Vous ne pouvez pas le vérifier en observant le langage corporel de votre interlocuteur puisque vous ne le voyez pas. Vos seuls indices sur ses pensées et ses impressions passent par ses paroles et le ton de sa voix. De son côté, ce sont aussi les seuls éléments dont il dispose sur vous. Vous devez donc veiller à votre intonation et à votre expression.

Rappelez-vous que lorsque vous êtes anxieux, votre voix peut traduire votre tension et se communiquer à votre interlocuteur. Si la personne que vous appelez est importante pour vous, prenez le temps d'adopter une attitude positive avant de prendre le téléphone.

Écoutons la conversation téléphonique entre Dennis et Bill. Les deux hommes travaillent dans la même société, mais dans des départements différents. Ils se connaissent à peine et cette conversation téléphonique pourrait tout changer.

« *Bonjour Bill, ici Dennis Evans du département applications.* » La voix de Dennis semblait tendue et il parlait très vite.

« *Oui, je vois.* » Bill s'exprima de façon posée, espérant que Dennis saisirait son invitation à ralentir son débit.

« *Je ne sais pas pourquoi je vous appelle, tout le monde est en vacances et, à vrai dire, je devrais l'être aussi. Quoi qu'il en soit, nous avons eu l'idée de monétiser notre site en commercialisant des sonneries de téléphone, et nous avons trouvé le type qui peut mettre ça au point pour nous. Mais nous avons besoin que votre équipe du département juridique rédige le contrat. Je dois fournir à Christine, du département des ventes, certaines assurances quant à la réalisation de ce projet, afin qu'elle puisse le présenter au président. Du coup, nous avons besoin du contrat pour demain.* » Dennis avait fait sa tirade d'un trait, il n'avait pas respiré et encore moins ralenti son débit. En fait, il paraissait de plus en plus tendu.

« *Vous voulez rire ? Vous m'en parlez seulement maintenant ? Avez-vous une idée de tout ce que nous avons à fournir d'ici Noël ? Votre affaire requiert un audit et...* » Bill sait pertinemment qu'il ne devrait pas répondre sur le même mode que Dennis mais il ne peut s'empêcher de laisser sa voix traduire sa frustration.

« *J'en ai marre des excuses* », explosa Dennis, « *on nous met la pression pour produire et quand on y arrive, on nous balance toutes les raisons pour lesquelles on ne peut pas le faire. Vous ne pouvez pas prendre en charge mon projet, mais vous parvenez à conclure cet accord stupide avec les Hollandais qui nous impose d'immenses responsabilités. Vous pouvez mettre un coup d'accélérateur pour un truc idiot, mais quand c'est important, vous prenez tout votre temps.* » Dennis n'attendit pas la réponse et raccrocha violemment son téléphone.

L'oreille bourdonnante, Bill se dit qu'il aurait préféré n'avoir jamais décroché.

Cet échange vous rappelle-t-il quelque chose ? Cet entretien aurait pu se passer différemment. Si Dennis avait respiré profondément, à plusieurs reprises, avant de prendre son téléphone, il aurait pu choisir une approche plus efficace.

Trouvez la bonne approche / 221

Puisque Bill ne pouvait voir Dennis, son imagination pouvait être stimulée : c'était le moment idéal d'utiliser des métaphores et un langage faisant appel aux sens. Voyons ensemble comment ce coup de téléphone aurait pu se passer :

« Bonjour, Bill, ici Dennis Evans de l'étage au-dessus. Il est temps que les bâtisseurs et les rêveurs travaillent ensemble. »

« Qu'est-ce qui se passe ? »

« Juste un petit cadeau de Noël pour Christine Burgin qui dirige les ventes. »

« Ah bon ? »

« J'ai seulement besoin que vous m'aidiez un peu pour boucler le truc. »

« Allez-y. »

Dans le premier exemple, Dennis a perdu de vue ce qu'il voulait ; il a fini par récriminer plutôt que par communiquer. Dans le deuxième exemple, il a enrichi sa conversation de multiples métaphores : il a employé le mot « rêveurs » plutôt que le terme « département applications », le mot « bâtisseurs » plutôt que « département juridique », le terme « cadeau de Noël » plutôt que le mot « contrat ». La conversation téléphonique fut délicate, agréable et efficace. Un coup de fil vraiment convivial ne fait pas perdre son temps à la personne qui le reçoit, mais ne précipite pas non plus les choses. Dans ces conditions, il est possible que le contrat de Bill puisse être rédigé dans les temps.

Au téléphone, votre intonation et vos respirations sont tout aussi importantes que vos paroles.

Le démarchage téléphonique

Les deux minutes les plus difficiles en affaires sont celles d'un démarchage téléphonique. Muldoon m'a dit une fois que les gens qui téléphonaient trois fois plus que leurs concurrents avaient quatre fois plus de réussite.

De nos jours, les commerciaux expérimentés connaissent l'importance, en termes de contacts, d'un réseau, d'un fichier clients, d'un engagement dans un syndicat professionnel ou d'une association municipale, de références fournies par des clients satisfaits, de présentations publiques ou d'un poste officiel important. Mais ils savent aussi que pour augmenter les ventes, il faut de nouveaux clients. Or, de nouveaux clients impliquent de nouveaux contacts. Wendy Kohler, fondatrice de TalentedWomen.com a réalisé une émission de télévision, obtenu le soutien de huit mécènes très puissants et d'une série d'invités célèbres issus des médias, du gouvernement ou de l'industrie, et signé un contrat très profitable avec une station de télévision. Et tout cela par démarchage téléphonique. Comment s'y est-elle prise, alors que tous ses contacts (sauf un) lui étaient parfaitement inconnus? Comme de nombreux commerciaux, elle a fait la même chose qu'Alfred : elle a fait baisser la pression. Son premier appel avait pour objet d'obtenir des références ; elle n'a donc pas cherché à vendre son produit immédiatement. Ces demandes de références lui ont fourni l'occasion de présenter son idée, de délivrer son spot publicitaire de dix secondes et ses états de service, et de faire passer son message, sans exercer aucune pression. Au moment où elle a commencé à appeler des sponsors et des invités potentiels, elle disposait de nombreuses introductions et avait préparé le terrain pour lancer son projet. Puis, au moment où elle allait demander aux gens de s'engager, ceux-ci étaient déjà volontaires et il n'était plus nécessaire d'essayer de les convaincre. La relation existait avant même qu'elle appelle.

EXERCICE

AGILITÉ INTELLECTUELLE

J'enseigne aux personnes travaillant en contact direct avec la clientèle à influencer la réponse à des questions fermées (« *Avez-vous...?* », « *Êtes-vous...?* », « *Est-ce que...?* »). Vous pouvez adapter cette méthode et l'utiliser dans presque toutes les situations. Elle permet de suggérer la réponse à la question que vous posez et fonctionne dans beaucoup de situations, grâce à la congruence/cohérence et à la synchronisation, deux réactions instinctives du comportement humain dont j'ai parlé à plusieurs reprises dans ce livre.

Vous êtes en avion pour un vol de courte durée. Le personnel de bord s'agite afin de débarrasser les restes du repas qu'il a servi auparavant. Le temps est compté. Comment les hôtesses vous incitent-elles à ne pas reprendre de thé ou de café, alors même qu'elles vous demandent : « *Puis-je vous offrir autre chose?* ». Si vous les observez attentivement, vous remarquerez qu'elles font « non » de la tête de manière quasi-imperceptible en vous posant la question. Essayez vous-même. Demandez : « *Voulez-vous prévoir une nouvelle réunion de suivi?* » tout en faisant « non » de la tête. Il est fort probable que la réponse que vous obtiendrez sera négative. Si, au contraire, vous hochez à peine la tête en signe d'assentiment, il est vraisemblable que la réponse sera affirmative.

Cette technique fonctionne également au bureau. Vous tentez de lancer un projet ? Demandez à vos collègues s'ils pourraient vous aider à le faire avancer. Qui profiterait du succès de votre projet ? Réduisez un peu la pression et vous découvrirez peut-être que, parmi les gens qui peuvent vous aider, beaucoup sont volontaires.

En société

Les mondanités professionnelles ont pour but de faire des rencontres et d'établir des relations : dîner ou danser ne sont que des prétextes ! Préparez-vous à une sortie comme un athlète se prépare à une compétition. Voici quelques principes à garder à l'esprit.

Sachez ce que vous voulez

Les habitués des mondanités savent pourquoi ils assistent à un cocktail, bien avant d'y mettre les pieds. Qu'il s'agisse de se renseigner sur la concurrence ou de voir qui est nerveux ou paisible, qui recrute ou qui est en mauvaise posture financière, vous devez définir ce que vous cherchez à retirer de cette soirée et vous fixer des buts précis.

Adaptez votre attitude ou rentrez chez vous

Souvenez-vous que votre attitude vous précède. Vous exprimez quelque chose bien avant d'ouvrir la bouche. Par conséquent, assurez-vous d'entrer dans la salle avec une attitude vraiment utile. Regardez les gens droit dans les yeux et souriez.

Faites-vous présenter

La meilleure façon d'approcher quelqu'un est de lui être présenté par une personne qu'il respecte. Prenez l'habitude de présenter les gens que vous connaissez et cette faveur vous sera retournée. Si vous ne connaissez personne, présentez-vous. Il est tout à fait acceptable, et accepté, de s'avancer vers un inconnu, de le regarder dans les yeux, de sourire, d'ouvrir votre corps, d'offrir votre main et de vous présenter : « *Bonjour, je suis Anna Osborne du Groupe Cigna. Que pensez-vous de cette conférence ?* » Prenez soin d'avoir avec vous des cartes de visite et d'avoir préparé votre spot publicitaire de dix secondes. Certaines personnes vont même jusqu'à inscrire, *discrètement*, leur publicité sur leur carte de visite.

RESTEZ CONCENTRÉ

Restez concentré pendant les présentations et la conversation. Regardez les gens dans les yeux, trouvez un terrain commun. Oubliez le bar et les buffets! Concentrez-vous sur votre interlocuteur (si vous parcourez la pièce des yeux pour découvrir une plus grosse proie, sachez qu'adopter ce comportement grossier est à vos risques et périls). Si vous apercevez quelqu'un avec lequel vous souhaitez ou devez parler, mettez un terme à votre conversation et excusez-vous élégamment, avant de vous diriger vers cette personne. Les bonnes manières sont très importantes.

COMMENT INTÉGRER UN GROUPE

Si vous désirez parler à quelqu'un qui est déjà engagé dans une conversation, écoutez avant de surgir à ses côtés. Regardez la personne qui vous intéresse droit dans les yeux, souriez et contentez-vous d'écouter jusqu'à ce qu'elle vous intègre à la conversation. Si vous ressentez le besoin impérieux d'ajouter quelque chose de pertinent, et que vous n'y êtes pas invité, lancez-vous mais assurez-vous de vous présenter immédiatement après, en souriant et en regardant vos interlocuteurs dans les yeux.

ET MAINTENANT, ALLONS DÉJEUNER

Dans le monde entier, plus d'affaires se concluent au restaurant, au bar ou dans un café qu'au bureau, à l'usine ou à l'arrière du camion. Rompre le pain ensemble sur un terrain neutre est une très bonne façon d'évaluer les gens, de renforcer une relation et, aussi, parfois, de parler affaires. Mais dans le pire des cas, cela peut aussi être un endroit parfait pour mettre en évidence vos mauvaises manières, votre conversation limitée et votre incapacité à rester concentré et plaisant simultanément.

Les repas d'affaires sont une excellente façon de nouer des contacts. Commencez par chercher un terrain commun avant même de retrouver votre hôte. Quelques jours avant le déjeuner, parcourez les journaux et Internet pour y trouver des informations sur l'entreprise de la personne que vous devez rencontrer. Si vous n'en trouvez pas, examinez les nouvelles du jour car elles constituent un terrain commun instantané (mais évitez la politique qui est un sujet sensible).

Si vous invitez régulièrement des clients, il est utile de développer de bonnes relations avec le patron et le personnel de quelques restaurants, tels qu'un bon bistro, un pub à la mode ou une brasserie chic (ou tout autre endroit adapté à votre porte-monnaie et à votre personnalité). Assurez-vous que votre table est correctement située pour une discussion professionnelle. Hormis la propreté, la réputation et l'accessibilité, soyez attentif à trois choses : le restaurant a-t-il l'air agréable ? Est-il confortable ? Peut-on parler sans hurler pour être entendu ? Apprenez à connaître le personnel. Vous avez investi du temps et de l'argent pour apprendre votre métier et améliorer vos capacités. Il est temps d'investir encore un peu, afin de connaître le directeur, le maître d'hôtel et les serveurs : ces personnes peuvent vous aider autant que votre mallette et votre Palm Pilot.

Sur le parcours de golf

Thomas vend des produits financiers. Il le fait même très bien, mais certains de ses collègues se demandent comment il fait pour avoir à la fois de très bons chiffres de vente et un bronzage permanent. « *Parfois, il faut simplement que je quitte le bureau pour accomplir n'importe quelle mission* », dit Thomas en riant. Il appelle ses séances de golf le « téléphone rouge des ventes », mais lorsqu'on le pousse un peu dans ses retranchements, il admet qu'il s'agit d'une façon géniale de construire des relations et de passer de bons moments avec ses clients.

Un parcours de golf représente une occasion de collecter de l'information et de tisser des liens pendant quatre heures ininterrompues. Vous ne pourriez pas le faire au bureau où le téléphone sonne sans cesse et où une urgence se présente dès que vous commencez à travailler efficacement. J'ai suivi Thomas jusqu'au practice et nous eûmes cette conversation entre deux essais de nos clubs.

« *Je consacre les six premiers trous à l'établissement d'une relation et à lancer la conversation* », dit Thomas. « *J'ai recours à une conversation plutôt anodine, polie et composée de questions, afin d'apprendre à mieux connaître mes clients, leur famille, leurs intérêts et leur histoire.* » Là, il joue un superbe coup et sourit. « *Je cherche discrètement les points communs que nous partageons et quand j'en trouve, je sais que l'atmosphère va se réchauffer.* »

« *Je consacre les six trous suivants à en savoir plus sur la nature de leur métier et à rechercher des secteurs pour lesquels nous suivons des buts communs.* » Il fit une pause pour changer de club. « *J'ai remarqué que le rythme du jeu et l'attitude des participants changent à partir du moment où la conversation prend cette tournure. Certaines personnes deviennent plus agressives, d'autres plus détendues.* » Et toc. Ce swing a dû envoyer la balle à des kilomètres. Thomas me sourit avant de continuer : « *Nous consacrons les six derniers trous à parler de leurs besoins les plus pressants et des services que ma société et moi pouvons leur rendre. Je ne sors jamais de bon de commande et je ne parle jamais de points contractuels sur le parcours, mais soyez sûr que le premier appel passé le lendemain matin est pour moi.* »

Tandis qu'il replace son club dans son sac, Thomas me dit : « *Le secret dans tout ça est d'assurer un excellent suivi, une fois que vous avez ferré le poisson*».

De très nombreux facteurs influencent votre réussite en matière de relations. Il est essentiel de donner une bonne première impression, de paraître enjoué et confiant, de montrer de la curiosité et de rester flexible. Il est plus facile d'y parvenir si vous avez confiance en votre capacité à gérer et à orienter l'enchaînement des émotions de votre interlocuteur. Relier différents états émotionnels ne vous rendra pas seulement attirant et inoubliable mais vous donnera de la force, de l'audace et de la concentration. Appréciez-en le processus, améliorez-vous grâce à une pratique régulière et observez votre niveau de confiance augmenter.

En bref...

Trouver la bonne approche

- **Relier les états d'esprit.** Vous pouvez influencer l'accueil que les autres vous réservent ainsi que vos idées. Identifiez les états émotionnels à relier, afin d'amener les gens où vous voulez qu'ils soient. En utilisant votre propre attitude, un langage qui fait appel aux sens et un langage corporel adéquat, entraînez-vous à relier les états émotionnels à la maison, au bureau ou pendant vos loisirs. La pratique, encore la pratique, et toujours la pratique !

- **Les entretiens d'embauche.** Faites des recherches sur l'entreprise avant votre entretien. Utilisez les informations que vous aurez obtenues pour élaborer un spot publicitaire de dix secondes qui fera le lien entre vous et cette entreprise, c'est-à-dire qui montrera comment votre expérience, vos compétences et vos points forts font de vous la personne idéale pour le poste.

• **Au téléphone.** En l'absence de langage corporel, vous n'avez pas d'indice sur les pensées ou les impressions de votre interlocuteur, à l'exception de son intonation et de ses paroles. Votre interlocuteur est dans le même cas ; il ne peut pas savoir ce que vous pensez ou ressentez. Vous devez par conséquent surveiller le ton de votre voix et la façon de vous exprimer. En fait, votre intonation et votre rythme sont tout aussi importants que vos paroles.

• **Les mondanités.** Un déjeuner d'affaires, un cocktail professionnel sont des moments de prises de contacts, d'exploration et de partage. Afin d'en tirer le meilleur parti, rappelez-vous de déterminer ce que vous voulez, d'adopter une attitude utile et un langage corporel ouvert, de vous faire présenter à d'autres personnes, de rester concentré sur la prise de contact et d'intégrer un groupe si cela est nécessaire.

Chapitre 12
« Qu'importe le flacon pourvu qu'on ait l'ivresse »

Bien évidemment, je tiens mes connaissances sur l'art de la présentation de mon inoubliable mentor Francis Xavier Muldoon. Il y a trente-cinq ans, nous étions au *Savoy*, l'un des hôtels les plus luxueux de Londres, et nous découvrions une salle de réunion.

« *Deux cents places ?* » demanda Muldoon à l'appariteur comme nous entrions dans la pièce.

« *C'est exact, Monsieur* », répondit ce dernier tandis que Muldoon sortait un billet de banque.

« *Merci Peter.* »

Une demi-heure plus tard la salle commença à se remplir de cadres d'agences publicitaires, d'analystes, d'acheteurs d'espace média, de commerciaux de notre propre service de publicité au magazine *Woman*, et de quelques membres de notre équipe éditoriale.

Muldoon monta sur la scène et attendit que le brouhaha cesse. Puis, sans même un « *Bonjour* » ou un mot de bienvenue, il brandit le dernier exemplaire du magazine. Parcourant la salle du regard avec solennité, il en déchira délibérément la dernière page. En l'agitant, il déclara lentement : « *Quiconque est prêt à payer 7 500 livres pour ça est un fou dangereux !* »

Alors que son auditoire était plongé dans le silence, il sourit malicieusement, fouetta le magazine avec la page déchirée et ajouta : « *Mais rattachez cette page au reste du magazine et vous obtenez le moyen le plus puissant et le plus rentable que ce pays peut vous offrir, afin de délivrer votre message à quatre millions de femmes impatientes et avides de consommer. Et pourquoi est-il si populaire ? Pourquoi tant de personnes le lisent-elles et lui font confiance ? Parce que ce magazine a une personnalité et un contenu.* »

En trente secondes tout au plus, Muldoon était parvenu à captiver la salle. Il continua en décrivant comment tirer le meilleur parti de la forte audience du magazine ; il cita des faits et des chiffres et d'autres points logiques. Mais il avait livré son message et il savait que son auditoire s'en souviendrait quand il effectuerait ses prochains achats d'espaces publicitaires.

Francis Xavier Muldoon savait toujours comment délivrer son message. Le regarder faire son show pendant neuf minutes sur la scène était impressionnant. Nous ne sommes pas tous des Muldoon face à une foule, mais nous pouvons tous nous sentir à l'aise, calmes et convaincants. Nous avons tous la possibilité d'établir une relation depuis une scène, une estrade, ou l'extrémité d'une table de conférence.

LA PRATIQUE, ENCORE LA PRATIQUE, TOUJOURS LA PRATIQUE

Si vous souhaitez améliorer la prise de contact avec un groupe, pratiquez : plus vous pratiquez, plus cela devient facile. Malheureusement, la plupart d'entre nous ont peu de chance d'accumuler ce genre d'expériences. Bien sûr, les persuasifs nés et les contrôleurs sont généralement plus à l'aise que les analystes, plus introspectifs, et les rêveurs. Mais rien ne vaut l'expérience.

Il existe beaucoup de façons de forger cette expérience. Quand nos enfants devinrent adolescents, nous passâmes, ma femme et moi, un contrat avec eux. Le premier mardi de chaque mois, au dîner, nous « visiterions » un nouveau pays. Chaque mois, nos cinq enfants décidaient du pays qu'ils souhaitaient visiter, et Wendy et moi, après quelques recherches, préparions un dîner entier, typique du pays choisi. Au cours du dîner, chaque enfant acceptait de faire une présentation brève et informelle de certaines caractéristiques du pays (climat, tourisme, économie, politique, exportations).

Nous disposions d'un mois pour tout préparer. Je me souviens d'avoir décroché le téléphone pour entendre : « *Ici le consulat du Mexique, puis-je parler à Sandy ?* ». Elle avait dix ans à l'époque et avait téléphoné pour obtenir des informations. Par la suite, celles-ci arrivèrent par courrier. Tout d'abord, les enfants furent un peu timides et nerveux, mais rapidement, ils s'aidèrent mutuellement et apprirent à effectuer des recherches et à élaborer une présentation agréable et substantielle. Parfois, des invités se joignaient à nous pour participer à ce bon moment (nous ne prîmes jamais très au sérieux le contenu). Ces plaisantes aventures continuèrent pendant plus d'un an, et nous nous amusâmes énormément.

Aujourd'hui, les enfants n'hésitent pas quand ils doivent faire une présentation ou un exposé. Pensez-vous que cet exercice les a aidés à l'école, puis plus tard, dans leur vie ? Bien sûr. Pensez-vous qu'il soit trop tôt, ou trop tard, pour acquérir une compétence aussi utile que celle-là ? Non.

Il existe un phénomène curieux durant les présentations faites par des orateurs peu célèbres : les sièges qui sont occupés les premiers sont ceux qui offrent la sortie la plus aisée. Les membres d'un public savent dès les premières deux minutes s'ils vont rester ou partir. Pour éviter cela, l'orateur doit rester attentif à deux facteurs quand il est face à son auditoire : « *Ai-je suffisamment de courage pour ça ?* » et « *Comment puis-je me faire apprécier d'eux ?* ». Voyons tout d'abord comment dépasser la peur de parler en public.

Récemment, j'ai été invité à l'émission de Debra Duncan à Houston (Texas). Cette émission spéciale intitulée *La plus grande peur de l'Amérique* concernait la prise de parole en public. Les producteurs de l'émission avaient préalablement sélectionné plusieurs personnes qui avaient des difficultés à parler en public, mais qui devaient effectuer régulièrement des présentations à cause de leur métier. J'étais censé intervenir pour leur enseigner la manière de dépasser leur crainte. Cinq personnes furent retenues, dont trois se décommandèrent à la dernière minute.

La veille de l'émission, j'eus le plaisir de rencontrer l'une d'elles, l'héroïque Teresa. Ma mission consistait à la faire passer de la panique au sang-froid. Teresa était une femme délicieuse d'une trentaine d'années. Elle enseignait le secourisme et son travail consistait à rendre visite à des entreprises ou à des associations pour apprendre aux gens à sauver des vies. Mais la simple idée de parler à un groupe la paralysait.

Quelques heures avant notre rencontre, l'équipe de télévision l'avait filmée en train d'effectuer une présentation devant un groupe d'inconnus. L'enregistrement était pénible à regarder parce que Teresa montrait tous les symptômes de la panique. Elle ne regardait pas les gens, affichait un sourire glacé et pénible, avalait sa salive tous les deux ou trois mots, et se tenait raide tandis que ses genoux flageolaient. Enfin,

« Qu'importe le flacon pourvu qu'on ait l'ivresse » / 235

elle cessa tout simplement de parler, victime du cauchemar classique de tout orateur : le trou de mémoire. Nous visionnâmes une nouvelle fois la cassette tous les deux et consacrâmes environ une heure à passer en revue les points qu'elle devait aborder. Nous n'écrivîmes pas son discours mais nous nous bornâmes à structurer ce qu'elle voulait dire. Cet exercice ne fut pas la partie la plus importante de notre discussion. En effet, je dédiai un temps conséquent de notre entretien à présenter à Teresa quelques exercices qui pourraient l'aider à débloquer son potentiel d'orateur. Après avoir examiné ces exercices, elle rentra chez elle, décidée à mettre en pratique ce que je lui avais appris et à en finir définitivement avec sa phobie paralysante.

Le lendemain à neuf heures du matin, Teresa se présenta sur scène face à un public de 250 personnes, sachant que des dizaines de milliers d'autres personnes la regardaient et parlaient de son problème. Après dix minutes de conversation, la présentatrice demanda à Teresa si elle pensait que sa nouvelle façon de voir allait changer quelque chose. En guise de réponse, Teresa demanda à Debra Duncan son micro et alla à la rencontre du public. Au cours des trois minutes qui suivirent, elle posa des questions aux spectateurs et leur parla de secourisme comme si elle était la présentatrice de l'émission. Tout le monde était subjugué. Debra Duncan, en personne intelligente et charismatique, dut aller rechercher son micro et demanda en riant : « *Eh, mais qui présente cette émission en fait ?* ».

Plus tard, lorsque Debra demanda à Teresa ce qui avait le plus contribué à sa transformation, sa réponse étonna tout le monde. Elle répondit que la chose la plus importante qu'elle avait retenue était un exercice de respiration que je lui avais appris, appelé « *Faire voyager ses narines* ».

Tout le monde fut surpris sauf moi. En bavardant avec Teresa la veille, j'avais été frappé de voir combien son imagination la paralysait. Elle était envahie par la peur à l'idée de tout ce qui pouvait mal se passer. De même que vous ne pouvez faire sourire quelqu'un en lui disant simplement « *souris !* », un photographe sait qu'il est impossible d'obtenir de quelqu'un qu'il se relaxe en lui en donnant l'ordre. Vous devez créer les conditions pour que cela arrive. La peur qui se lisait dans les yeux de Teresa me rappela un événement que je lui racontai pendant que nous préparions l'émission.

Ma plus jeune fille, Pippa, a courageusement vécu toute sa vie avec de l'asthme. Alors qu'elle était enfant, elle se réveilla un matin en ayant beaucoup de mal à respirer ; son inhalateur ne la soulageait pas. Je la pris dans mes bras, la mis dans la voiture et nous partîmes pour l'hôpital qui disposait d'un appareil respiratoire, à quelque trente kilomètres de là.

Après environ sept kilomètres, elle eut de plus en plus de mal à respirer. Elle savait qu'elle ne devait pas paniquer ; je le savais aussi mais je voulais désespérément faire *quelque chose* pour l'aider. Je me souvins alors de quelque chose que j'avais inventé à l'école et que j'avais appelé : comment « *faire voyager mon nez* ». À cette époque, j'étais très gêné par certaines odeurs. Certains fumets désagréables me soulevaient le cœur de façon incontrôlable or malheureusement il était impossible de révéler une telle faiblesse dans le pensionnat britannique dans lequel j'effectuai ma scolarité.

J'essayai des douzaines de trucs pour supporter ce problème, mais aucun ne fonctionna. Puis, un jour, je tentai une nouvelle méthode : je fis le vœu que mon nez s'éloigne aussi loin que possible d'une odeur particulièrement nauséabonde. J'imaginai que mes narines se trouvaient au centre de mon estomac et, comme par magie, l'odeur sembla disparaître. Ce jour-là, dans la voiture avec Pippa, je lui demandai gentiment de fermer les yeux et d'imaginer l'entrée d'une immense caverne, aussi grande qu'elle le souhaitait, en plein milieu de son front. « *Et maintenant, laisse entrer tout l'air du monde dans la caverne, autant que tu veux.* » Je lui parlai calmement et, après une ou deux minutes, Pippa devint calme et détendue. La crise était passée.

Parlons un peu de respiration. Vous rappelez-vous de la dernière fois que quelqu'un vous a vraiment fait peur ? L'instant où la lumière rouge vous a ébloui et où vous avez cru que l'accident était inévitable ? Comment respiriez-vous après ? Votre souffle était rapide, bref et faible, n'est-ce pas ? Il s'agit de la respiration de survie et tout votre corps répond à ce stimulus : votre cœur s'emballe, votre adrénaline monte en flèche et vous imaginez le pire. Pour vous calmer, vous devez changer de modèle et faire partir votre respiration du ventre, à l'aide d'inspirations et d'expirations profondes et relaxantes.

Avant qu'elle parvienne à «*faire voyager ses narines*», Teresa devait commencer par respirer plus profondément. Pour l'encourager à respirer par le ventre, je lui dis : « *Placez une main sur votre poitrine et l'autre juste au-dessus de votre nombril. Continuez à respirer jusqu'à ce que la main située sur votre poitrine ne bouge plus et que la main placée sur votre abdomen se soulève à chaque inspiration et s'abaisse à chaque expiration.* » Elle trouva l'exercice facile et se mit rapidement à sourire. La respiration ventrale permet d'inspirer environ deux fois plus d'air que la respiration qui part de la poitrine, pourtant plus fréquemment utilisée. Par conséquent, vous ressentirez une sensation très agréable la première fois que vous l'expérimenterez.

À ce stade, il convenait de faire voyager les narines de Teresa : « *Tout en continuant d'inspirer et d'expirer par le ventre, imaginez que vos narines se situent juste au-dessous de votre nombril et inspirez et expirez par là directement dans votre abdomen.* » Elle rit : « *Oh, c'est si facile* ».

« *Refaites-le encore et, cette fois-ci, voyez si vous pouvez sentir le café.* » Il y avait un pot de café frais et fumant dans la pièce.

« *Non, seulement lorsque je replace mes narines à leur place initiale* », dit-elle, et nous éclatâmes de rire.

Tant que vous vous concentrerez sur votre respiration, votre phobie diminuera. Cette technique a libéré des douzaines de personnes : un homme qui avait peur des ascenseurs, une femme terrifiée par les couteaux de cuisine, etc. Ce jour-là, à Houston, cette technique apporta à Teresa l'assurance dont elle avait besoin pour aller enseigner le secourisme dans l'état du Texas.

Exercice

Respiration régulière

Voici un autre exercice de respiration tout simple qui devrait vous rendre votre assurance avant une présentation : inspirez lentement en comptant jusqu'à quatre ; bloquez votre respiration pendant quatre temps ; expirez pendant quatre autres temps ; bloquez votre respiration pendant quatre temps. Répétez cela dix fois.

Comme lorsque la respiration de survie se met en place, tout votre corps répond à ce ralentissement de votre système. Vous allez ralentir et votre corps va se détendre en recevant le message que tout va bien.

Lorsque vous vous sentez à l'aise, passez à huit temps pour chaque phase, puis à douze. Quelques minutes par jour pendant une semaine devraient améliorer votre situation. Vous emporterez cette aptitude incroyable dans la tombe. Une chose cependant : mieux vous maîtriserez la respiration régulière et plus vous la pratiquerez, plus votre tombe s'éloignera !

Délivrez votre message

Faire une présentation revient parfois à traverser des rapides en sautant sur des pierres. En général, trois ou quatre pierres suffisent. Vous commencez votre présentation sur l'une des rives, sautez sur trois pierres différentes pour passer le cours d'eau, et vous finissez sur la rive opposée.

Pour préparer l'émission, j'ai aidé Teresa à élaborer une introduction qui pourrait captiver l'attention de son public et faire passer son message immédiatement. Il s'agissait d'une question qui devait inciter le public à s'impliquer : « *Combien d'entre vous savent ce qu'est exactement le secourisme ?* ». Je lui ai dis que si elle voulait que les gens lèvent la main, il fallait d'abord qu'elle lève la sienne. Je lui ai aussi dit que quand quelqu'un répondait, il fallait qu'elle répète sa réponse au reste du public en y incluant son message : « *Oui, il s'agit d'une réactivation cardio-pulmonaire. Et si vous défaillez maintenant, je peux vous sauver la vie parce que je connais le secourisme* ». Très Muldoon.

Nous divisâmes le message de Teresa en trois catégories d'informations, nous imprimâmes ces informations et fîmes trois piles. Chacune de ces piles fut placée sur une marche. Après avoir fini son introduction (« *Combien d'entre vous savent ce qu'est exactement le secourisme ?* »), Teresa s'amusa un peu avec le public par le biais de questions, puis elle se plaça sur la première marche. Elle n'avait pas besoin de notes car elle pouvait voir ce qui l'attendait sur la marche suivante. Son imagination l'aidait à fonctionner au lieu de lui nuire.

Teresa savait ce qui l'attendait sur la marche suivante, et sur celle d'après, et elle pouvait passer d'une marche à l'autre, dès qu'elle se sentait prête à le faire. Au lieu de la paralyser, son imagination lui permettait de voir, d'entendre, de ressentir, de humer et de goûter la situation.

240 / *Construire une relation*

Sur la rive d'en face se trouvait sa conclusion, empreinte d'émotion : une histoire vécue concernant un directeur de lycée auquel elle avait enseigné le secourisme et qui avait sauvé la vie de son propre père lors d'un cocktail.

La plus grande peur de l'Amérique signe le testament d'une imagination fertile. Quand l'imagination fait obstacle au pouvoir de la volonté, de la raison et de la logique, elle gagne toujours. Vous pouvez rester esclave de votre imagination ou la transformer en un serviteur puissant et volontaire. Une fois que vous contrôlez votre imagination, vous pouvez vous consacrer à susciter l'imagination de votre public, ce qui est la clef d'une vraie relation et d'une véritable communication.

URGENCES TARDIVES ET PREMIERS SOINS

- **Bougez**

Heureusement, votre esprit et votre corps font partie du même système. Il est impossible que vous ressentiez de la timidité si vos mains sont dans vos poches arrière ; de même que vous ne pouvez pas ressentir de la nervosité quand vous sautez en l'air, bras et jambes écartés. Donc, avant de poursuivre, trouvez un endroit tranquille (les toilettes feront l'affaire) et agitez votre corps dans tous les sens.

- **L'angoisse du podium**

Trouvez un visage amical. Il y a toujours des personnes qui montrent qu'elles adhèrent à votre discours, qu'elles soient bénies ! Elles opinent de la tête, montrent leur accord et vous sourient. Elles forment en général 5 % du public. Trouvez-en trois ou quatre et regardez-les de temps à autre pour avoir du réconfort.

- **La respiration régulière**

Dans certaines situations, vous pouvez être stressé au point de ne pas parvenir à vous lever et à monter sur scène. Essayez la respiration régulière pour vous calmer.

• *Le trou noir*
Munissez-vous d'un gilet de sauvetage. De nombreux orateurs, et tout spécialement ceux qui n'utilisent pas de notes, expérimentent occasionnellement le trou de mémoire. Ce phénomène est dû à de nombreux facteurs. J'y suis personnellement sujet quand je prononce plus d'un discours dans la journée. Je finis par me demander si j'ai déjà dit telle ou telle chose. Le plus souvent, j'ai l'impression de répéter quelque chose que j'ai dit en fait lors de la précédente conférence. Mon truc pour pallier le trou est d'avoir toujours une solution de remplacement. Dans les discours itératifs, je pose des questions. Idéalement, ces questions sont liées à mon sujet d'intervention (« *Quelqu'un a-t-il déjà expérimenté…?* »), mais ce peut également être des questions simples, telles que : « *Quelqu'un a-t-il des questions à ce stade?* ».

Montrez un peu de personnalité

Harry est un orthodontiste connu et il est souvent sollicité pour faire des présentations sur ses méthodes. C'est un homme plutôt sérieux qui choisit toujours des vêtements exprimant l'autorité. Mais, afin que son public le trouve accessible, il porte toujours ses « *lunettes spectaculaires* ».

Harry porte des lunettes depuis l'âge de douze ans. Une fois, lors d'un discours à l'association des orthodontistes, ses lunettes glissèrent entre les tréteaux qui soutenaient sa table et il ne put les récupérer avant la fin de la conférence. Fort heureusement pour Harry, sa femme Doreen avait des problèmes de vue presque identiques aux siens. Malheureusement pour lui, elle étrennait ce soir-là ses nouvelles lunettes, à monture blanche et très à la mode.

La conférence devait pourtant continuer et Harry monta sur l'estrade avec ses nouvelles lunettes blanches. Il ne fit aucune allusion à ses lunettes et poursuivit comme si tout était absolument normal. Et il fit un tabac. En fait, ce fut le plus gros succès qu'il ait jamais connu. Par la suite, il dit à Doreen que ses lunettes avaient dû lui porter chance. Doreen lui confia que ce soir-là, il avait l'air d'une star de cinéma et elle lui acheta une paire de lunettes identiques pour la fête des pères. Elle les emballa et les lui offrit avec un mot disant : « *Tu es spectaculaire* ».

Harry le sérieux prend contact avec la salle avant même d'ouvrir la bouche parce que ses lunettes spectaculaires ajoutent une note accessible à son apparence autoritaire. Et c'est un succès.

EXERCICE

MÉTAPHORE

Trouvez une métaphore pouvant décrire votre personnalité, votre métier et une idée que vous avez, mais êtes incapable d'exprimer. Ensuite, écrivez-la et réfléchissez aux associations qui vous viennent à l'esprit. Laissez-les venir naturellement. Vous allez découvrir de nouvelles façons de transmettre vos idées aux autres ; vous allez accéder à des niveaux d'expression que vous n'utilisiez pas jusqu'alors, et mettre au jour une personnalité encore plus charismatique et attirante.

Voici un exemple (une alternative aux piles sur les marches) :
- **la situation :** vous devez faire une présentation.
- **la métaphore :** un chiche-kebab.
- **la réflexion :** la brochette qui le transperce a un début et une fin. Tout le long, il y a un mélange de morceaux de bœuf et d'aliments grésillants.

Lorsque Franck Sinatra chante « *Fly me to the moon* », il ne fredonne pas le décompte de la Nasa ; il utilise des métaphores

> pour renvoyer le public à ses sens ainsi qu'aux images, sons, sentiments, odeurs et goûts de l'excitation et de l'amour.
>
> Les idées et découvertes en matière de communication institutionnelle sont souvent limitées par leur nature abstraite ou par un langage technique aride (et, disons-le, ennuyeux à mourir). Il leur faut quelque chose de plus pour révéler leur magie ; elles ont besoin d'un véhicule propre à transmettre l'excitation, l'imagination et la dimension. Ce petit quelque chose en plus peut se loger dans l'incroyable pouvoir de communication des métaphores. Votre public appréciera cette approche et vous remerciera d'utiliser ces métaphores pour rendre votre discours plus curieux.

Le secret des grands communicants

Les grands orateurs et les grands communicants s'appuient sur leur capacité à captiver l'imagination. Ils racontent des histoires pour rendre leur message plus intéressant, établir une relation avec leur auditoire et le motiver. Avec Teresa, discuter de marches et de rapides à traverser fut plus efficace que de lui demander simplement de passer à la deuxième étape de son discours. L'image aiguillonna son imagination car elle correspondait au langage du cerveau.

Depuis les temps anciens, les paraboles, les fables et les anecdotes font partie des instruments les plus puissants à notre disposition. En outre, ils fonctionnent dans presque toutes les situations. Nous connaissons tous une bonne histoire qui enflamme l'imagination et contente nos sens. Les métaphores facilitent, accélèrent et enrichissent l'apprentissage. F. X. Muldoon avait raison : captivez l'imagination et vous captiverez le cœur.

Notre cerveau se régale de métaphores. Elles sont spécialement utiles dans les rapports de groupe parce qu'elles s'adressent simultanément aux visuels, aux auditifs et aux kinesthésiques. Demandez à n'importe quel élève de collège qui est son professeur préféré, puis demandez-lui pourquoi. Il est vraisemblable que sa réponse sera : « *Parce qu'elle rend les choses plus intéressantes, et qu'elle raconte des histoires* ». Muldoon faisait en sorte que ses présentations contentent les sens, en les rendant concrètes et mémorables (en jetant des enveloppes sur le sol ou en déchirant un magazine). Veillez toutefois à ne pas mélanger les métaphores que vous utilisez, car cela peut rendre votre présentation confuse et perturber votre auditoire.

La manière dont nous exposons les choses influence notre compréhension de celles-ci. L'esprit adore nouer des relations. Les métaphores et les histoires forment un pont entre le côté rationnel de votre esprit et le monde des sens ; elles constituent un lien entre notre imagination, intérieure, et la réalité, extérieure ; elles sont des malles à idées. Alors utilisez-les. Faites-le dans votre communication quotidienne et vos discours.

En bref...

L'ART DE LA PRÉSENTATION

Tout ce que vous avez appris jusqu'à présent joue un rôle dans une présentation.

- **Établissez votre crédibilité et votre autorité.** Grâce à une attitude vraiment utile, un contact visuel, un sourire, un aspect général et des intonations engageantes.

- **Délivrez votre message en moins de deux minutes.** Toute personne dans un auditoire a trois questions en tête : « Et alors ? », « Qui cela intéresse-t-il ? », « Qu'est-ce que je peux en tirer ? ». Rien n'est plus exaspérant pour un auditeur que de ne pas savoir ce qu'il fait là. Votre message doit inclure une cause et un effet qui l'interpellent.

- **Croyez en votre sujet.** N'essayez pas d'agir comme un acteur sur une scène. Collez à votre grande idée – une idée substantielle – et la relation que vous nouerez avec votre auditoire viendra du cœur.

- **Contrôlez votre respiration.** Utilisez une technique semblable à la respiration régulière (inspirez, comptez jusqu'à quatre ; bloquez votre respiration pendant quatre temps ; expirez pendant quatre autres temps ; bloquez votre respiration en comptant jusqu'à quatre), afin de vous relaxer et de dépasser votre peur de parler en public.

- **Montrez de la personnalité.** Laissez votre personnalité rayonner à travers votre présentation. Cela vous aidera à renforcer la relation et la communication avec votre public.

- **Utilisez des métaphores.** Les métaphores renvoient votre auditoire à ses sens (des images, des sons, des sensations, des odeurs et des goûts, c'est-à-dire le royaume de l'imagination). Utilisez-les car elles engendrent une présentation plus riche.

Conclusion
Et après ?

> « *Quand on les saisit,
> les occasions se multiplient.* »
> Sun Tzu

Vous savez désormais que vous disposez de multiples outils pour établir des relations avec vos clients, vos pairs et vos prospects. Mais je souhaiterais y ajouter un dernier élément. Traitez chaque relation que vous nouez comme si elle était la plus importante que vous ayez jamais établie ; ce qui pourrait bien être le cas. Écoutez l'exemple suivant.

Il y a quelques années, ma fille Kate, alors âgée de quatorze ans, me dit qu'une boutique d'aromathérapie s'était récemment ouverte dans le village situé à une quinzaine de kilomètres de notre maison. Elle me demanda si je pouvais l'y emmener.

Tandis que Kate explorait le magasin, je commençai à discuter avec sa propriétaire, Sandy. Celle-ci me parla de ce qui l'avait amenée à ouvrir sa boutique et elle me demanda ce que je faisais dans la vie. À cette époque, je venais de publier mon premier livre.

La semaine suivante, Sandy me téléphona pour me dire qu'elle recevait plusieurs personnes pour parler d'aromathérapie, et me proposa de venir présenter mon livre. J'acceptai et je passai une excellente soirée avec son groupe d'amis. En fin de soirée, trois d'entre eux me demandèrent si j'accepterais d'organiser une session de formation s'ils parvenaient à réunir un groupe.

Ils réunirent plus de quarante personnes et louèrent une salle dans un hôtel local. Nous passâmes un moment formidable. L'une des jeunes femmes présentes avait convié sa cousine. Deux semaines plus tard, celle-ci me téléphona pour me demander si je pouvais préparer un séminaire pour les soixante-dix personnes de son réseau. Je le fis. L'une des personnes qui assistaient à ce séminaire travaillait pour une société active dans l'événementiel. Elle me recommanda à sa société pour une conférence.

Deux ans plus tard, j'étais l'orateur principal de la conférence commerciale nationale d'AT & T à laquelle assistaient mille six cents personnes. Ce fut, selon leurs propres mots « *un magnifique succès* ». Je n'ai plus regardé en arrière depuis.

Oui, le hasard des rencontres a joué un très grand rôle dans ce succès, tout autant que ma capacité à établir des relations quand l'occasion se présentait. La morale de l'histoire est simple : ne refusez pas d'accompagner votre fille de quatorze ans dans la boutique d'aromathérapie qui vient d'ouvrir dans votre village. Vous ne savez jamais où vous tisserez votre prochaine relation importante. Le monde est plein d'opportunités si vous savez garder les yeux ouverts.

TABLE DES MATIÈRES

Remerciements 9

Sommaire 11

Introduction. Ces fameuses deux minutes........................... 13

Première partie.
Les bases

Chapitre 1. L'évangile selon Muldoon : il n'y a pas d'échec, il n'y a que de l'information.. 25

Deuxième partie.
Les nouvelles règles : prenez contact avec la nature humaine

Chapitre 2. Neutralisez les réponses de fuite ou de combat... 55
   Tenir ses promesses 64
   L'espace privé 67

Chapitre 3. Travaillez le b.a.-ba : attitude, langage corporel et synchronisation... 71
   Le b.a.-ba de la communication silencieuse : attitude, langage corporel et harmonie 73
   Avant d'ouvrir la bouche 74
   Adaptez votre attitude 76
   Comprenez le langage de votre corps 81
   Ouvert ou fermé ? 81

250 / *Convaincre en moins de deux minutes*

Synchroniser les langages corporels....................................	83
Synchroniser les intonations	86
L'importance de l'harmonie	87
Donnez de l'information et vous en recevrez	90
Chapitre 4. Parlez le langage du cerveau....................................	97
Votre cerveau peut seulement gérer de l'information positive...	98
Plus de plaisir ou plus de problèmes?	99
L'humeur plutôt que l'action	101
La cause et l'effet	103
« Parce que... »	104
Chapitre 5. Prenez contact avec vos sens	109
Les préférences sensorielles	110
Le message des yeux	114
Un rapport construit : le cœur du caméléon	114

Troisième partie.
Prenez contact avec la personnalité de votre interlocuteur

Chapitre 6. Nourrissez la personnalité de votre interlocuteur....	123
Les rêveurs et les bâtisseurs...	124
Les quatre personnalités professionnelles	125
Les conflits de personnalités	129
Des possibilités d'amélioration	133
Chapitre 7. Identifiez la nature de votre métier	137
La grande idée : un concept à peaufiner	139
Et pour vous?...	142
Un spot publicitaire de dix secondes pour transmettre sa grande idée	145
Chapitre 8. Trouvez votre style	153
Accessible ou autoritaire?	154
Mode et SIC	155
Jouez votre rôle	160
Devriez-vous changer d'image?	163
Qui se ressemble s'assemble...	167

Quatrième partie.
Construire une relation

Chapitre 9. Ouvrez une ligne de communication 177
   La poignée de main 180
   Faciliter la présentation d'autres personnes 180
   Des informations gratuites 181
   La recherche d'un terrain commun 183

Chapitre 10. Faites-les parler 191
   Comment entretenir une conversation ? 192
   L'art de la convivialité 197
   Restez concentré 198
   Apprivoisez les médias 201

Chapitre 11. Trouvez la bonne approche 209
   Structurez le contexte émotionnel
   de votre entretien 210
   Décrocher un entretien d'embauche 215
   L'entretien d'embauche 217
   Le suivi 218
   Téléphone et convivialité 219
   Le démarchage téléphonique 222
   En société 224

Chapitre 12. « Qu'importe le flacon pourvu qu'on ait
l'ivresse » 231
   Délivrez votre message 239
   Montrez un peu de personnalité 241
   Le secret des grands communicants 243

Conclusion. Et après ? 247

Composition réalisée par Nord Compo

IMPRIMÉ EN ALLEMAGNE PAR GGP MEDIA GMBH

Pour le compte des Éditions Marabout
D. L. Janvier 2013
ISBN : 978-2-501-08458-1
41.2702.3/02